职业教育国际邮轮乘务管理专业
国家级教学资源库系列配套教材

邮轮文化

刘金岩　主编　　张雪妍　副主编　　刘淄楠　主审

化学工业出版社

·北京·

内容简介

本教材是国家职业教育国际邮轮乘务管理专业教学资源库配套教材。本教材按照邮轮文化的职业教育知识体系，以"邮轮文化"为主线，包括邮轮历史文化、邮轮品牌文化、邮轮餐厅文化、邮轮酒吧文化、邮轮娱乐文化、邮轮船员文化、邮轮目的地文化、中国本土邮轮文化的打造共八章，以一个或多个典型案例为章节导读和知识拓展，具有知识性、针对性、实用性、专业性和指导性。教材图文并茂，语言清晰简练，通俗易懂，重难点突出，强调理论和实践相结合，将有关知识、技能、职业道德、情感态度与未来岗位有机结合，从而达到职业岗位能力和文化素养培养的共同要求，满足邮轮企业对本专业学生综合能力的要求。教材配有二维码，扫码可观看相关视频，帮助学生直观体验邮轮文化，加深理解，拓展知识。本教材可作为职业教育国际邮轮乘务管理专业教材，也可作为各大邮轮公司内部培训以及各类相关培训机构的岗位培训用书。

图书在版编目（CIP）数据

邮轮文化 / 刘金岩主编；张雪妍副主编. — 北京：化学工业出版社，2023.7
ISBN 978-7-122-43315-2

Ⅰ.①邮⋯ Ⅱ.①刘⋯ ②张⋯ Ⅲ.①旅游船-旅游文化-中国-高等职业教育-教材 Ⅳ.①F592-05

中国国家版本馆CIP数据核字(2023)第066736号

责任编辑：王　可　　　　　　　　　文字编辑：陈立媛　陈小滔
责任校对：李雨晴　　　　　　　　　装帧设计：张　辉

出版发行：化学工业出版社（北京市东城区青年湖南街13号　邮政编码100011）
印　　刷：北京云浩印刷有限责任公司
装　　订：三河市振勇印装有限公司
787mm×1092mm　1/16　印张11　字数280千字　2024年9月北京第1版第1次印刷

购书咨询：010-64518888　　　　　　　　　售后服务：010-64518899
网　　址：http://www.cip.com.cn
凡购买本书，如有缺损质量问题，本社销售中心负责调换。

定　价：38.00元　　　　　　　　　　　　　　　　　　　　　版权所有　违者必究

编写人员名单

主　编： 刘金岩（山东海事职业学院）

副主编： 张雪妍（山东海事职业学院）

参　编： 王磊磊（青岛酒店管理职业技术学院）

　　　　　杨冯生（上海秀美模型有限公司）

　　　　　江艳川（湖北三峡职业技术学院）

　　　　　陈丽萍（山东海事职业学院）

　　　　　牟佳佳（山东海事职业学院）

主　审： 刘淄楠（皇家加勒比集团）

前言

近年来,邮轮业已经成为现代旅游业中最为活跃、发展最为迅猛的产业之一,被视为"漂浮在黄金水道上的黄金产业"。随着国际邮轮市场发展不断向亚洲倾斜,中国邮轮旅游业发展势头强劲。邮轮旅游的迅猛发展和日益多元化为邮轮人才的培养提供了机会,邮轮产业的性质要求人才培养日趋国际化,在合理融合本土标准的同时,需要更新培养观念和培养体系,培养真正具有国际意识、能够真正融入国际化竞争的具备较高职业文化素养的应用型人才,这也对人才的培养质量提出了更大的挑战和更高的要求。

《邮轮文化》是国家职业教育国际邮轮乘务管理专业教学资源库配套教材。本教材以"邮轮文化"为主线,包括邮轮历史文化、邮轮品牌文化、邮轮餐厅文化、邮轮酒吧文化、邮轮娱乐文化、邮轮船员文化、邮轮目的地文化、打造中国本土邮轮文化8个章节,以典型行业的实际案例为章节导读和知识拓展,力求教材内容具有针对性、实用性、专业性和指导性。本教材可作为职业教育国际邮轮乘务管理相关专业教材用书,也可作为各大邮轮公司内部培训以及各类相关培训机构的岗位培训用书。

本教材的特色与创新,具体体现在三个方面:

1. 创新邮轮文化的职业教育体系

邮轮人才培养日趋国际化,在合理融合本国标准的同时,需要更新培养观念和培养体系。本教材从邮轮职业院校毕业生的职业文化素养短板出发,创新邮轮文化的职业教育体系,弥补了当前邮轮职业教育教材体系的不足,填补了国内外相关教材的空白。本教材以全球著名邮轮企业为主要案例载体,结合大量最新的图片及视频资源,选用最前沿的资料将枯燥理论形象化,增加了教材的新颖性与可读性。

2. 精准融入思政元素

本教材遵循国家专业教学标准和课程教学标准,弘扬职业素养、工匠精神。依据专业和课程特点,每一章节明确了思政目标,从学生职业素养养成的角度去挖掘职业道德、职业技能、职业行为等思政元素,将立德树人的理念及社会主义核心价值观等思政内容与邮轮文化体系进行了有机结合,达到润物细无声的作用。

3. 注重与深化产教融合

本教材邀请了皇家加勒比游轮全球高级副总裁、亚洲区主席、《大洋上的绿洲——中国游轮这十年》的作者刘淄楠博士参与本教材框架、编写体例的研讨和教材编写工作，真正从行业理论与实践的角度完善了整个《邮轮文化》体系；同时，还邀请了《世界超级邮轮大百科》的作者、著名舰船史专家杨冯生承担部分章节的编写工作。行业专家加入教材编写团队，更加符合邮轮专业学生的学习特点与需求，提高了本教材的知识性、实用性和专业性。

本教材由刘金岩担任主编，张雪妍担任副主编，王磊磊、杨冯生、江艳川、陈丽萍、牟佳佳参与编写，具体分工如下：第一章和第八章由杨冯生与江艳川编写，第二章由陈丽萍编写，第三章和第四章由张雪妍编写，第五章由刘金岩编写，第六章由牟佳佳编写，第七章由王磊磊编写。刘金岩负责制定总体设想和构架、提出编写要求和规范及统稿定稿等工作。刘淄楠负责审读全书。

本教材在编写过程中，参考了相关邮轮公司官网、微信公众号的内容，阅读了大量国内外关于邮轮与旅游的出版物，借鉴了大量邮轮工作人员提供的资料和建议，特别是得到皇家加勒比游轮中国团队倪贝琳、李雪、姜岚、张森、付晶、陈想、冯俊的有力支持，他们运用丰富的专业知识进行了通篇指正与答疑，并提供了最新的多媒体资源支持；在餐厅文化、酒吧文化、娱乐文化和船员文化部分分别得到了皇家加勒比"海洋光谱号"行政总厨王兆荣和娱乐总监白杨旭，以及招商维京"招商伊顿号"酒店总经理方立新的全面指导、大力支持与无私帮助；同时，本教材的编写得到了各参编学校领导和相关老师们的关心和支持，谨此深表谢意！

鉴于编者视野和水平有限，本教材还存在诸多不完善的地方。在此，恳请广大读者和使用单位对于本教材的不足之处给予批评与指正。

编　者

2023 年 8 月

目录

第一章 邮轮历史文化 ··· 001
第一节 跨洋班轮时代 ··· 001
一、跨洋班轮的兴起与邮轮的诞生 ························· 002
二、海上黄金时代 ··· 004
第二节 现代度假邮轮时代 ····································· 010
一、运输业到度假业的过渡 ··································· 010
二、超大邮轮模式的诞生 ······································ 012
三、现代度假邮轮产业时代的变革 ························· 014
第三节 中国邮轮产业的发展 ·································· 017
一、中国邮轮产业的起步阶段 ································ 017
二、中国邮轮产业的腾飞阶段 ································ 018
三、中国邮轮产业向本土化转型的阶段 ··················· 020

第二章 邮轮品牌文化 ··· 023
第一节 邮轮品牌文化认知 ···································· 023
一、品牌名称 ·· 024
二、品牌标志 ·· 024
三、品牌功效 ·· 025
第二节 邮轮品牌细分和品牌定位 ··························· 025
一、邮轮品牌细分 ·· 026
二、邮轮品牌定位 ·· 027
第三节 世界著名邮轮公司及旗下邮轮品牌文化 ········ 030
一、美国嘉年华邮轮集团 ····································· 031
二、皇家加勒比集团 ··· 035
三、地中海邮轮公司 ··· 037

第三章 邮轮餐厅文化 ··· 042
第一节 邮轮餐厅认知 ··· 042
一、邮轮餐厅类别 ·· 043

二、邮轮餐厅岗位职责与工作内容 …………………………………… 044
　　三、邮轮餐厅设计文化 …………………………………………………… 046
第二节　邮轮厨房认知 ……………………………………………………………… 048
　　一、邮轮厨房类别 ………………………………………………………… 048
　　二、邮轮厨房岗位设置和主要职责 …………………………………… 049
　　三、邮轮厨房特色文化 …………………………………………………… 050
第三节　邮轮西餐饮食文化 ……………………………………………………… 052
　　一、邮轮西餐类别 ………………………………………………………… 052
　　二、邮轮西餐菜肴文化 …………………………………………………… 054
　　三、邮轮餐厅礼仪文化 …………………………………………………… 058

第四章　邮轮酒吧文化 064

第一节　邮轮酒吧认知 ……………………………………………………………… 064
　　一、邮轮酒吧介绍 ………………………………………………………… 065
　　二、邮轮酒吧岗位职责及工作内容 …………………………………… 068
　　三、邮轮特色酒吧文化 …………………………………………………… 070
第二节　邮轮酒水文化 ……………………………………………………………… 073
　　一、邮轮酒水分类 ………………………………………………………… 073
　　二、邮轮主要酒水产地 …………………………………………………… 077
　　三、邮轮鸡尾酒文化 ……………………………………………………… 078
第三节　邮轮饮酒文化 ……………………………………………………………… 081
　　一、邮轮饮酒礼仪 ………………………………………………………… 081
　　二、邮轮饮酒习惯 ………………………………………………………… 083
　　三、饮酒文化差异 ………………………………………………………… 085

第五章　邮轮娱乐文化 089

第一节　邮轮娱乐文化的界定 …………………………………………………… 089
　　一、娱乐文化认知 ………………………………………………………… 090
　　二、邮轮娱乐文化认知 …………………………………………………… 090
第二节　邮轮主要娱乐文化 ……………………………………………………… 091
　　一、邮轮剧院表演文化 …………………………………………………… 092
　　二、邮轮音乐文化 ………………………………………………………… 096
　　三、邮轮派对及其他相关活动文化 …………………………………… 097
　　四、邮轮娱乐体育文化 …………………………………………………… 100
第三节　邮轮其他娱乐活动文化 ………………………………………………… 104
　　一、健身养生休闲类活动文化 ………………………………………… 104
　　二、摄影活动文化 ………………………………………………………… 107

三、艺术品拍卖活动文化 ………………………………………………… 108
　　　四、免税店休闲购物活动文化 …………………………………………… 108

第六章　邮轮船员文化 ……………………………………………………… 111
第一节　船员职业能力文化 ………………………………………………… 111
　　　一、船员应具备的心理素质 ……………………………………………… 112
　　　二、船员应具备的职业素质 ……………………………………………… 113
　　　三、船员应具备的跨文化适应能力 ……………………………………… 116
第二节　船员服务文化 ……………………………………………………… 119
　　　一、服务态度文化 ………………………………………………………… 120
　　　二、服务技能文化 ………………………………………………………… 120
　　　三、服务展示文化 ………………………………………………………… 121
第三节　船员的准军事文化素养 …………………………………………… 124
　　　一、邮轮军衔制 …………………………………………………………… 124
　　　二、准军事化文化与规则 ………………………………………………… 127

第七章　邮轮目的地文化 …………………………………………………… 130
第一节　加勒比海航区 ……………………………………………………… 130
　　　一、地理环境文化 ………………………………………………………… 131
　　　二、历史民俗文化 ………………………………………………………… 133
第二节　地中海航区 ………………………………………………………… 136
　　　一、地理环境文化 ………………………………………………………… 137
　　　二、历史民俗文化 ………………………………………………………… 137
第三节　阿拉斯加航区 ……………………………………………………… 140
　　　一、地理环境文化 ………………………………………………………… 140
　　　二、历史民俗文化 ………………………………………………………… 141
第四节　亚太航区 …………………………………………………………… 145
　　　一、地理环境文化 ………………………………………………………… 145
　　　二、历史民俗文化 ………………………………………………………… 145

第八章　打造中国本土邮轮文化 …………………………………………… 150
第一节　世界邮轮文化回顾 ………………………………………………… 150
　　　一、世界邮轮文化品鉴 …………………………………………………… 151
　　　二、世界邮轮文化的发展趋势 …………………………………………… 153
第二节　中国邮轮文化的本土化 …………………………………………… 156
　　　一、中国邮轮文化本土化的相关举措 …………………………………… 156
　　　二、突破中国邮轮文化本土化的关键 …………………………………… 160

参考文献 ……………………………………………………………………… 167

第一章　邮轮历史文化

学习目标

▶ 能力目标
1. 能够分析邮轮、游轮的起源及两者之间的异同。
2. 能够理解和分析现代邮轮度假产业兴起及快速发展的主要原因。

▶ 知识目标
1. 了解跨洋班轮的发展历程。
2. 掌握现代世界邮轮发展变革的原因。
3. 了解中国邮轮的发展概况。

▶ 素质目标
1. 通过学习我国邮轮高质量发展情况，激发学生职业兴趣，增强专业自信。
2. 通过了解国际邮轮的发展变迁，增强学生对我国造船工业发展的自豪感和使命担当。

世界邮轮发展历经近两百年，邮轮动力从风力到燃油，再到如今的新能源，邮轮发展见证了工业历史的变迁；邮轮的功能从过去的交通运输到如今的观光、休闲度假，反映了人们对幸福生活的向往和不断追求。本章首先从班船的兴起及远洋邮轮的诞生讲起，进而对邮轮历史脉络进行梳理，从跨洋班轮时代、现代度假邮轮产业时代以及国际度假邮轮进军中国之后的中国邮轮产业发展时代等几个方面阐述邮轮历史文化。

第一节　跨洋班轮时代

1970年，一艘残存的旧式班轮被视为重大历史文物而送回故土进行修复，沿途出现了壮观的迎接人群，就像它于1843年诞生时激动人心的场景那样。从1978年开始，它将在其诞生地——英国布里斯托尔得到永久保存。这就是英国的"大不列颠号"（图1-1）。当在其富丽堂皇的头等舱大餐厅和寒酸无比的统舱铺位驻足时，宾客会不禁为该邮轮悠久的历史而感叹。

图1-1 "大不列颠号"（SS Great Britain）的归家之路

（来源：杨冯生.世界超级邮轮大百科［M］.北京：机械工业出版社，2019.）
思考：现代邮轮与"大不列颠号"最主要的区别是什么？

"Cruise"一词由来已久，人类很早就有巡游的欲望、冲动、活动和历史。世界巡游的历史从第一艘邮轮的诞生开始到如今几乎跨越了三个世纪，邮轮成为人类文明的重要载体，见证了近现代动力技术的迭代和人们旅行需求的变迁。本节主要从跨洋班轮的兴起与邮轮的诞生、海上黄金时代来介绍跨洋班轮时代。

一、跨洋班轮的兴起与邮轮的诞生

邮轮的原意是指海洋上定线、定期航行的大型客运轮船。"邮"字本身具有交通的含义，而且过去跨洋邮件往往由这种大型快速客轮运载，故此得名。以下从历史背景对跨洋班轮兴起的影响以及邮轮的诞生进行阐述。

（一）跨洋班轮产生的历史背景

1. 移民潮的需求

在20世纪飞机诞生并获得商业推广之前，联通世界各大洲，尤其欧洲、美洲、大洋洲之间的"桥梁"以海路航线为主。到19世纪工业革命时代之后，欧洲工业化的快速发展对海运的驱动十分显著，同时人口剧增、宗教冲突、政治动荡引发了大规模的移民潮，这些移民一批批地前往美洲大陆，移民船就在这样的特定时期走进了世界历史的前台。

2. 专营航运公司的需求

1818年，纽约的黑球航运公司（Black Ball Line）开始提供美国与英国之间的定期运输服务，承诺在每月的固定日期离开纽约，而无论货物或乘客如何变化。该公司是第一家在固定日期开启跨大西洋货物与宾客运输的专营航运公司。很快，这种定期运输服务在大西洋的航运公司中得到推广。

3. 远洋定期航行的需求

包括黑球航运公司在内的跨大西洋海船最初为清一色的风帆动力船舶，这令固定日期运输的做法难以得到保障。为了保证两地间航运到达时间的相对固定，满足远洋定期航行的需求，就需要轮船尽可能减小自然力的限制。到19世纪30年代，许多远洋航运公司开始陆续引进蒸汽风帆混合动力船，并开始尝试以蒸汽动力为主进行跨洋航行。

（二）跨洋班轮的兴起

1. 尝试使用蒸汽机的时代

蒸汽机被运用于船舶领域的尝试始于18世纪末，而蒸汽动力船（简称蒸汽船）被成功地应用到商业领域则始于19世纪初，被称作"轮船之父"的美国人罗伯特·富尔顿（Robert Fulton）监造了位于哈德逊河上的"北河汽船"（North River Steamboat），在国内通常被称为"克莱蒙特号"（Clermont），这艘轮船首次在商业领域使用蒸汽动力。

2. 蒸汽机和风力共用的时代

1819年，美国船只"萨凡纳号"（SS Savannah）成功横渡了大西洋，"SS"是Steam Ship，即蒸汽船的"萨凡纳号"与其他远洋班轮最大的不同是隐藏在三桅风帆系统下的烟囱和两舷侧的明轮推进器，这表明它是一艘带有机械辅助动力的混合动力船。在航行中，由于它仍然主要依靠风帆动力航行，因此，在不利天气的影响下耗费多达29天才到达目的地——英国利物浦。

3. 以蒸汽机为主的时代

只有尽量减小自然力的限制，才能满足远洋定期航行的需求。巨大壮观的蒸汽机被陆续搬上班船，尽管它们通常被船体包裹，但外露的巨型明轮向世人展示了自身不受束缚的力量，班船就这样变成了班轮。而这也令长期以来依赖风帆船的跨洋邮政运输开始陆续转而采用蒸汽船，从此进入了以蒸汽机为主的邮轮时代。

（三）邮轮的诞生

1. 轮船的邮政服务

1837年，著名的公主（P&O）轮船公司开始提供英国至伊比利亚半岛的沿海邮政运输服务；1838年，加拿大人塞缪尔·冠达在英国创立了英国北美皇家邮政轮船公司（British & North American Royal Mail Steam Packet Company）。与其他班轮公司不同的是，该公司的名字中出现了邮政（Mail）一词，这是该词在洲际跨洋皇家邮政服务允许私人公司承担后首次出现。

2. 邮轮称号的由来

由于这些承担邮件运输业务的轮船船名前缀从SS改为RMS（皇家邮政船，Royal Mail Ship 的缩写），邮轮的称号逐步被世人认知与接受。尽管自"不列颠尼亚号"（图1-2）首航的6年后，该公司的客运业务占比就超过了邮政业务，且10年后就出现了完全不依赖邮政运输的补贴，而仅靠常规的客货运输就能获得生存与发展的大西洋航运公司，但邮轮的身份依旧被认为是远洋班轮的重要荣誉。

图1-2 "不列颠尼亚号"

3. 远洋邮轮的诞生

自从英国皇家邮政允许私营船务公司以合约形式帮助它们运载信件和包裹,一些原来的载客远洋轮船,摇身一变成为悬挂信号旗的载客远洋邮务轮船。塞缪尔·冠达的公司从英国皇家海军拿到跨大西洋月度邮件运输的合同,特意定制了四艘船,定期往返于利物浦、哈利法克斯、波士顿之间,除了邮件,每艘船还能顺带搭载一百多名乘客。

1840年,塞缪尔·冠达公司的第一艘"不列颠尼亚"级首制船"不列颠尼亚号"开始横跨大西洋,这是采用蒸汽机作为主推进动力的大型木制船体,是世界上第一艘专门为运输邮件设计建造的蒸汽船,也是世界上的第一艘远洋邮轮。"远洋邮轮"一词,便自此诞生。

英国北美皇家邮政轮船公司恪守规律地、稳定地抵达固定港口,它开始成为远洋航行的主导者,其竞争优势主要表现在具有邮政补贴,能确保安全与速度,以及蒸汽船数量多,同时也迎来了大量的竞争者。当时,大量的资金开始涌向跨洋班轮领域,目的是打造更加坚固、更快速的船只。

1858年伊桑巴德·布鲁内尔(Isambard Brunel)开始督造世界顶级海事工程——"大东方号"(SS Great Eastern),现代化的铁质船体结构被成功建立,并迅速得到了普及,班轮的各项技艺都获得稳步提升,班轮的最主要指标——航速也很快迎来了突破。后来,随着船舶大型化、电气化、豪华化等进程的深度推进,班轮和邮轮的黄金时代到来了。

二、海上黄金时代

19世纪60年代开始,随着海上黄金时代的到来,远洋班轮和邮轮的发展开始出现了第一轮的盛景气象。英国冠达邮轮逐步发展壮大,同时还有英国的白星航运公司、英国英曼轮船公司、德国的汉堡-美洲航运公司、德国的北德意志-劳埃德航运公司、法国的大西洋轮船公司、加拿大的加拿大-太平洋轮船公司等,它们迅速成为大西洋客货与邮政运输的有力竞争者。

（一）航速竞争

1. 蓝飘带奖的由来

跨洋邮轮的主要功能是运输，各航运公司为提高运营能力和市场竞争力，在安全的前提下，最为注重提高跨洋船舶的航速。从19世纪60年代开始，出现了一个约定俗成的惯例，以最高平均航速向西横渡大西洋的轮船，有权在桅杆上升起一条长长的蓝飘带，这个源自赛马活动的习俗成为欧洲各国班轮公司和邮轮船长的最高荣誉蓝飘带奖。

2. 蓝飘带奖的影响

由于蓝飘带奖的巨大宣传效应，各航运公司热衷于追求蓝飘带奖。历史上，英国大西洋航运公司共25次斩获蓝飘带奖，是获得蓝飘带奖最多的国家。此外德国的航运公司赢得5次，美国3次，法国和意大利各1次，唯一为意大利摘得蓝飘带奖的远洋邮轮是1932年的"国王号"（SS Rex）（图1-3）。英国的冠达公司是大西洋航运公司中的佼佼者，它旗下的邮轮共计13次赢得蓝飘带奖，这也是冠达公司持续不断得到英国政府大力支持的重要原因之一，因为更快的船不仅有助于更好地完成跨洋运输任务，还有助于在战时完成更多的军事任务。在19世纪最初成立的跨洋蒸汽船航运公司里，冠达是唯一生存到21世纪的一家。

图1-3 "国王号"

3. 新动力的速度之争

19世纪末，德国皇帝威廉二世下令德国轮船公司学习英国，设计并建造速度更快的邮轮，首先引起巨大轰动的是北德意志-劳埃德公司的"威廉皇帝号"（SS Kaiser Wilhelm der Grosse）。这艘大型邮轮从设计开始就没有采用风帆系统，首创四烟囱布局，四烟囱邮轮是邮轮历史上的一大奇观（图1-4）。在当时，要想通过增加邮轮的动力提高速度，通常要布设更多的锅炉，这令邮轮的烟囱越来越多，相应地，邮轮也越来越长，上层建筑也越来越壮观。很快，一系列四烟囱邮轮成为大西洋速度竞赛乃至大西洋运输的最强竞争者。德国轮船公司也因为在速度上的胜利为德国在邮轮领域中的成功打下了最坚实的基础。

图1-4 "威廉皇帝号"的剖视图

此后,蒸汽轮机被成功运用,邮轮的航速被进一步提高。1907年,英国冠达公司"毛里塔尼亚"级(Mauretania Class)超级邮轮震惊世界,平均速度提高到了26节(1节=1.852千米/小时)以上,这一纪录保持了20多年,直到1929年被德国成功运用了高速蒸汽轮机结合革命性流线型船体的"不莱梅"级(Bremen Class)取代。

20世纪30年代,围绕大西洋邮轮速度的竞争达到了白热化。白星航运开工建造了一艘采用多达47台柴油机、船体长度首度超过300米的巨型邮轮——"大洋号"(RMMV Oceanic),然而巨型邮轮的巨额成本直接导致了白星公司的破产。在法国政府的全力支持下,1935年法国大西洋轮船公司终于建成了代表远洋邮轮天花板的"诺曼底号"(SS Normandie),法国人首次也是唯一一次赢得了蓝飘带奖,"诺曼底号"的平均速度纪录首破30节。

远洋邮轮速度竞赛的终极赢家出现在20世纪50年代,也就是美国的"合众国号"(SS United States)(图1-5),这艘邮轮以24万马力(1马力约等于735瓦特)的强大功率令向西横渡大西洋的速度纪录定格在了34.51节,但也令邮轮的商业运输彻底无利可图。此后,随着飞机在大西洋航运竞争力的日益提升,远洋邮轮开始考虑航速与经济效益的平衡,功能也开始往巡游的方向加速发展,邮轮的航速反而出现了持续下降的态势。

图1-5 美国"合众国号"邮轮

蓝飘带奖引发的高航速竞争，虽然使邮轮公司为此付出了一定代价，但在客观上推动了邮轮技艺的快速进步，成为世界邮轮业持续发展的重要基础，每艘赢得蓝飘带奖的邮轮基本代表了相应时期世界海事工程和邮轮界的最高成就。

（二）舒适度竞争

自邮轮诞生起，各航运公司就开始想办法提高船舶的舒适度，如早在19世纪50年代，一些早期航运公司，通常会把船上的相当一部分区域装饰得富丽堂皇，以便让有限的乘客更多地选择自家的轮船。由于当时跨洋航行的周期非常漫长，对于宾客而言，舒适体验十分重要。

1. 电力带来的改变

受制于技术条件，建立在初级工业基础上的船只并不舒适。随着第二次技术革命，即电力革命的推动，自19世纪70年代末80年代初开始，邮轮上逐渐添置了包括电灯在内的现代化设施，旅行质量才有了显著的提高，尤其对头等舱的极度重视，也令邮轮最终发展成为大洋上的社交与时尚中心。在19世纪90年代后，随着双螺旋桨邮轮的普遍成功，风帆推进辅助系统终于被从邮轮上移除，高大的桅杆也转变为了无线电缆的支撑杆，这为邮轮的跨洋航行带来了革命性的跃进。

2. 水上酒店理念的出现

历史上第一次成功引入"水上酒店"理念的是英国冠达公司的"埃特鲁里亚号"（RMS Etruria）和"乌姆布里亚号"（RMS Umbria）。两艘船上都配置了音乐厅和吸烟室，以及能容纳550人的维多利亚式交谊大厅，此外船上还采用包括制冷设备在内的各类设施，较大改善了生活条件。1901年，这两艘船安装了无线电设备，并成为运用这项新技术的先驱。1905年冠达邮轮"坎帕尼亚号"（RMS Campania）成为世界上第一艘拥有连接沿海电台设施的邮轮，无线电在加强邮轮安全性的同时，也给邮轮宾客带来新的体验，让他们可以在大洋上与家人互致问候。奢华的艺术装潢和前沿的娱乐设施成为提升跨洋旅行质量的关键。

3. 客舱等级的出现

进入20世纪初，一艘接一艘邮轮陆续下水，为了尽可能减轻跨洋旅行的乏味，这些邮轮的设计者和运营者们绞尽脑汁。1907年入役的英国冠达邮轮"卢西塔尼亚号"（RMS Lusitania）和"毛里塔尼亚号"（RMS Mauretania）开创了正装晚宴的传统，并以此宣传跨洋航行的魅力。

同年，英国白星航运公司开始建造著名的"奥林匹克"级（Olympic Class）与其展开直接竞争，包括"奥林匹克号"（RMS Olympic）、"泰坦尼克号"（RMS Titanic）和"不列颠尼克号"（RMS Britannic），这些船长约268米，拥有十层甲板。"奥林匹克"级的客舱被分为三个不同的等级，分别为富人、中产阶级和移民三类宾客服务。在该型邮轮的设计中，保证宾客们舒适性的优先度大大高于高航速，其中"不列颠尼克号"成为史上第一艘设计时就为所有的头等舱客房配备私人卫生间的邮轮。此外，这些船也凭借越来越大的体量，让航行变得更为稳定。然而，在1912年首航中，"泰坦尼克号"因撞上冰山而沉没，它成为历史上最知名的邮轮。此后白星再也难以重回巅峰，最终于1934年被冠达兼并而逐步退出历史舞台。

（三）跨洋邮轮的豪华升级

第一次世界大战后，美国政府颁布的几项新法律直接影响了跨洋邮轮业：禁止在全国范围内销售酒精，使得希望合法享用酒精饮料的美国人不得不离开美国大陆。此外，1924年的《移民法》大大限制了欧洲的移民，几乎切断了邮轮业的主要客源。众多邮轮公司开始试探新的市场定位。多国政府进一步资助邮轮公司设计建造更多、更大、更奢华的船只，以迎合欧美富商和名流，并将这些远洋班轮作为国家威望的象征。

1. 德国人的贡献

相比更重视安全和高速的冠达邮轮，真正把"水上酒店"理念发挥到极致的是德国汉堡-美洲航运公司的邮轮。该时期德国人在这些"漂浮式宫殿"的开发方面一度引领了世界潮流，德国邮轮不仅在速度上超过了英国邮轮，同时在奢华艺术上也遥遥领先。1891年，"奥古斯塔·维多利亚号"（SS Augusta Victoria）入役，船上极度奢侈的洛可可风格家具令世人发出啧啧赞叹。其被棕榈树环绕的接待室，名为"冬季花园"（图1-6），很快成为各国远洋邮轮的标准配置，从而降低近在咫尺的危险大洋给人带去的不安与不适。

到第一次世界大战前，汉堡美洲航运公司推出了古典远洋邮轮的巅峰之作——"皇帝"级（Imperator Class），每艘"皇帝"级邮轮的吨位均大大超过了五万，船上设施基本涵盖陆上城市的一切，甚至船上的泳池规模也超过了除伦敦皇家汽车俱乐部以外的几乎所有室内泳池。

图1-6 "奥古斯塔·维多利亚号"的冬季花园

2. 法国人的成就

在这个堪称豪华邮轮最黄金的年代中，法国邮轮的设计最引人注目。随着法国大西洋轮船公司在第一次世界大战前的崛起，它们旗下的邮轮对艺术层次与生活品位的追求提高到了新的境界。在1921年建成的"巴黎号"（SS Paris）上，法国人为各国宾客提供了最精美的膳食和最周到的服务，有的船员甚至将乘客的性格特征都存档备案，并利用这些信息将志趣相投的人安排在一个餐桌上就餐。而接踵而至的"法兰西岛号"（SS Ile de France）通过诠释一种被称为"艺术装饰（Art Deco）"的艺术，为船上营造了神奇的气氛，"大西洋上的林荫大道"是宾客们送给这艘艺术之舟的称号。

然而，法国人的创新之路并没有就此停止，1935年，一艘叫作"诺曼底号"的邮轮将海上宫殿的技艺推向了极致。在失去移民市场的情况下，法国"诺曼底号"的市场定位更强调高端，加上巡游市场的要求，船上的活动配置比同期的其他邮轮更为多样与精致，宾客们甚至被允许提前一天上船观赏船上精彩丰富的节目。在"诺曼底号"的大休息室（图1-7），有巴黎歌剧院的歌舞团提供专业演出。

"诺曼底号"还首次为邮轮全船配置中央空调，这对邮轮开往温暖水域的巡游尤为关键，其次船上首次出现正规大小的露天网球场、首创的大型室内温水循环的游泳馆、首个配置了现代化音响设备的电影院……当然，除了娱乐设施，为了这座海上大酒店的运转，各种先进的海事工程装备也被陆续开发了出来，包括"诺曼底号"首次采用的能发现障碍物的雷达等。

图1-7 "诺曼底号"的大休息室

以"诺曼底号"为代表的一批邮轮，代表了跨洋邮轮历史的最高峰，无论法国、意大利、德国、英国还是荷兰，都成功建造了令人震惊的杰作，并把各自品牌的声望推向了极致。然而，随着第二次世界大战后邮轮运输业与航空运输业的此消彼长，邮轮向经济性、安全性等新要素妥协。到了20世纪60年代，远洋班轮陆续退出了跨洋运输领域，最能引发世人回望与遐想的海上黄金时代正式宣告落幕，现代度假邮轮时代由此到来。

知识拓展

"诺曼底"式的奢华

20世纪30年代大西洋两岸各国建造大型邮轮的热潮爆发之后，面对英国的"不列颠女皇号"（RMS Empress of Britain）和"不列颠尼克号"，德国的"不莱梅号"和"欧罗巴号"（SS Europe），尤其是面对意大利的骄傲——"国王号"，法国人也未能免俗。此时，大西洋上最大的邮轮是56000吨级（英国的"庄严号"（SS Majestic）、"贝伦加利亚号"（RMS Berengaria）），法国人决定一劳永逸地结束吨位竞赛——建造一艘80000吨级的邮轮。

1932年10月29日，有20万名观众到场观看这艘法国超级巨轮下水，法国总统阿尔贝·勒布兰也出席了下水仪式。"诺曼底号"的船体沿着涂抹了43吨肥皂和2.5吨猪油的滑道缓缓地滑入卢瓦尔河。船内被装上了地毯、镶板和艺术品。船厂召集了船舶装饰设计大师——给"法兰西岛号"设计宏伟的三层门厅的荷兰人范·德·鲍扬和设计大理石餐厅的法国人保罗·巴图，装饰这艘海上宫殿。许多前所未有的豪华装置都在"诺曼底号"上首次出现——第一和第二烟囱间的运动场和网球场，第一个大型室内游泳池，第一个邮轮剧场，第一个柔光照明系统和室内广播系统，第一个在全体旅客舱室安装的冷暖空调……

"诺曼底号"的室内均为宏伟前卫的景观，如它的头等舱大餐厅长达93米，比凡尔赛宫的镜厅还要长；同时该餐厅宽达14米，高8.5米，宾客们通过6.1米高的奢华大门进入，而门上装饰着反映法国诺曼底省风光的青铜徽章。这个餐厅除了能为700人提供由巴黎克里荣饭店大厨献上的顶级菜肴外，晚上还能转变为海上舞厅，宾客们可以彻夜享受喝葡萄酒与纵情歌舞的欢乐时光。

"诺曼底号"邮轮将海上宫殿的技艺推向了极致。不仅在当时，甚至直到70年后的21世纪，"诺曼底号"也被誉为历史上最大、最漂亮、最豪华的邮轮。

（来源：杨冯生.世界超级邮轮大百科［M］.北京：机械工业出版社，2019.）

第二节　现代度假邮轮时代

案例导入

1997年好莱坞电影巨制——《泰坦尼克号》形成一股席卷全球的热潮，当人们震惊于影片中逼真的海难特效时，已经逐渐远去的大西洋邮轮黄金岁月再次强烈冲击了人们的神经。观影者惊叹邮轮的豪华，憧憬在大海上漫无目的地"休闲流浪"，"泰坦尼克号"那高大烟囱、成排铆钉以及奢华装潢，引起了人们的无限遐想，乘坐远洋邮轮漫游成为很多人旅游选择的梦想。

（来源：刘淄楠.大洋上的绿洲：中国邮轮这10年［M］.北京：作家出版社，2019.）

思考：现代邮轮的主要产品形式有哪些？

随着现代旅游业的兴起，邮轮找到了新生的机会，并在20世纪70年代日趋蓬勃发展，不再以竞速与运输为主要目的，而是从"邮"到"游"转型，以更高的居住、娱乐配置，更妥帖的服务，较短天数、较低价位的航线，吸引更多年轻中产宾客，以"无目的地的目的地""重要的不是目的地，而是旅途本身"的口号，让宾客漂在海上度假。以下主要从三方面阐述现代度假邮轮时代的历史文化。

一、运输业到度假业的过渡

第二次世界大战结束后，大量科学技术军转民，跨洋客运业酝酿着重大变革。战后初期的经济逐渐好转，令众多在战争中幸存的大型远洋邮轮想重拾辉煌，不管是公司本身还是旅游市场都需要时间来消化战争带来的影响，邮轮变革在悄然进行。

（一）战争促使邮轮改变

以英国冠达、意大利航运、法国大西洋轮船和荷美邮轮为主要代表的公司所受到的影响仍未消除，它们重新规划设计的船只都显得异常小巧，如冠达邮轮于1949年投入运营的"卡罗尼亚号"（RMS Caronia）、意大利航运于1953年入役的"安德里亚·多利亚号"（SS Andrea Doria）等著名新邮轮的吨位仅约3万，成为同时兼容客运与巡游的新式邮轮。这不仅要求扩大邮轮时髦的旅游舱，为参加巡游的宾客提供更优质的服务，同时，还要打破传统邮轮常见的三级等舱系统的相互隔绝状态，在必要时，全船的空间与设施还要切换到能为所有的宾客共用。荷美邮轮于1958年建成的"鹿特丹号"（SS Rotterdam）（图1-8）被保存至今，仍向世人开放。今天游客还能看到该船上著名的双螺旋楼梯，它为了三级等舱系统的兼容而专门设计。

图1-8　被保存至今的"鹿特丹号"

（二）飞机促使邮轮转型

在1958年革命性的"鹿特丹号"建成之日，第一架欧美直飞的跨大西洋商业航班腾空而起。这架波音707型喷气式客机，可搭载181名宾客。相比需要3天以上的远洋邮轮，飞机只需要不到10个小时就可以越过大西洋，而且航空公司提供的跨洋运输服务往往更准时，邮轮运输业难以与这种更快捷、更有效的新型交通方式匹敌，跨洋邮轮的宾客们纷纷倒向航空公司。到1965年时，已有多达95%的跨大西洋宾客选择客机出行。

在20世纪60年代，法国大西洋轮船和英国冠达邮轮在推出若干小型邮轮后，开始在国家政府的补贴下再次建造相对经济的大型邮轮，即"法兰西号"（SS France）和"伊丽莎白女王2号"（Queen Elizabeth 2），然而很快越来越多的政府不再补贴远洋邮轮的航运。为适应到来的航空旅行时代，邮轮转型已经变得刻不容缓。如家邮轮（Home Lines）于1963年1月下水的"大洋号"（Oceanic）（图1-9）原本规划为两用型邮轮，到1965年4月，距离交付还不到一个月，如家邮轮就放弃了原定于夏季的跨大西洋班轮服务，而将其安排到全年从纽约到巴哈马的巡游服务之中，被认为是最早开启全年公海巡游的现代度假邮轮。

图1-9 如家邮轮的第一艘船"大洋号"

（三）现代邮轮度假时代的开启

从20世纪60年代开始，以挪威加勒比海邮轮公司为代表的新品牌，开始逐步取代了众多班轮品牌，并陆续推出面向大众的邮轮产品，且将服务周期直接设定为全年，这标志着现代邮轮度假时代正式开启。它们的船远离原本跨洋航行、客货运输的地区，驶向崭新的、温暖的目的地，如加勒比海、巴哈马群岛和坎昆等，那里风光优美，提供丰富的休闲娱乐活动和丰富的餐饮、购物服务。

新成立的公司大多开始收购班轮并对其进行转型改造。成立于1969年的皇家加勒比游轮公司摒弃了收购转型的做法，直接另起炉灶，从一开始就专门打造以大众巡游为唯一目标的新船，这为邮轮行业的深度转型变革和未来健康发展探索了新方向。"挪威之歌号"（Song of Norway）是皇家加勒比公司的首艘度假邮轮，全长约168米，可载724名宾客，是世界上第一艘专为大众巡游而定制的度假邮轮。该邮轮与"北欧王子号"（Nordic Prince）、"太阳维京号"（Sun Viking）为新行业巨头的崛起拉开了序幕，和远洋邮轮相比，这些船方方正正的外形与新式度假酒店极其相似，尽可能地提供观景客房及游玩设施。

1980年，挪威邮轮公司收购的原法国大西洋轮船公司的远洋邮轮"法兰西号"完成改装，并采用新的名字——"挪威号"（SS Norway）。"挪威号"全长达316米，拥有12层甲板，可满足多达2000名宾客的巡游需求，其总吨位最大时已超7万，为度假邮轮树立了新标准。"挪威号"的整体成功令打造大型度假邮轮变成可能，对邮轮产业的深度转型及度假邮轮建立起最广泛的大众旅游基础都有重要意义。

综上所述，进入20世纪80年代后，远洋班轮（Ocean Liner），包括远洋邮轮已基本退出历史舞台，而基于全新规划和技术的度假邮轮大放异彩。"Cruise"一词在牛津词典里表示乘船游览，以平稳的速度航行。因此，根据现代度假邮轮行业的主要功能与特点，"Cruise"译为游轮更为合适，这也更能表达它应有的魅力。

二、超大邮轮模式的诞生

1988年，皇家加勒比的"君主"级（Sovereign Class）成为历史上第一型从设计之初就具备了最大远洋邮轮体量的大型度假邮轮，从而掀起了度假邮轮大型化的风潮。以该型船的诞生为标志,世界邮轮进入了前所未有的新高度,同时迎来了世界超大邮轮模式。

1996年,"嘉年华命运号"(Carnival Destiny)(图1-10)把邮轮的吨位刷新到了10万级。作为首艘吨位超过10万的邮轮,"嘉年华命运号"由意大利芬坎蒂尼造船厂设计建造,全长272.2米,宽35.5米,吃水8.3米,建成时吨位高达102853,共计12层甲板,最大载客量2642人,船员1150人,采用6台柴油机发电,2台大型电动机通过轴系驱动可调螺距螺旋桨,船的最高航速为22.5节。

图1-10 "嘉年华命运号"（Carnival Destiny）

邮轮巨型化的实现令购物中心、高尔夫球场、水疗中心等相继被"搬"到船上。娱乐体验的多样性也意味着度假邮轮在各式群体,包括家庭群体中越来越受欢迎,同时船上也相应地出现了更多的儿童俱乐部和类似主题公园的设施,也越来越适合儿童客群。在2012年时,"嘉年华命运号"进行了一次大的改装,增加了一个水上乐园,目前它以新的名字——"嘉年华阳光号"(Carnival Sunshine)继续服役于嘉年华集团之中。

从"命运"级(Destiny Class)开始,吨位超过10万的大型邮轮大量出现,并成为大众邮轮市场的标配。如第二型超过10万吨位的邮轮是公主邮轮推出的"至尊"级(Grand Class),一个多达11艘的庞大家族,其中亚洲人所熟知的"钻石公主号"(Grand Princess)就属于该系列。

目前世界最大的一艘度假邮轮是皇家加勒比"绿洲"系列的新成员——"海洋奇迹号"(Wonder of the Seas),它已于2022年交付,可搭载的宾客数量近7000名,加上2000多名船员,堪称真正意义上的"海上娱乐城",而船上的八大"海上社区"同样拥有令人向往的设施（图1-11）。目前到世界最大邮轮一游已不再一票难求,而"绿洲"系列的游览经历也必将令宾客们终生难忘。

图1-11 "绿洲"系列的中央公园

三、现代度假邮轮产业时代的变革

随着现代度假邮轮产业的开启,邮轮的升级变革势不可挡。通过不断创新,大型度假邮轮设计建造技术的改进、邮轮规划设施的改善、邮轮餐饮烹饪的改良等都令人耳目一新。

(一)规模再造

尽管自2009年"绿洲"系列首制船诞生以来,世界最大邮轮的桂冠就一直被"绿洲"系列所持有,但总体而言,各大品牌的邮轮仍然呈现以更大的船取代原来较小的船的趋势,各大公司的运力都在大规模增加。

几乎所有的大众邮轮品牌都配置了吨位不少于10万的大型邮轮,如精致游轮的"极致"系列(Solstice Class)与"爱极"系列(Edge Class),吨位均超过了13万;诺唯真和云顶香港从"史诗"级(Epic Class)开始连续配置了近10艘吨位约15万的大型邮轮;在获得了4艘吨位达13万的"幻想曲"级(Fantasia Class)之后,地中海航运公司(MSC)即将采购5艘超15万总吨的"海岸线"级(Seaside Class)、5艘超17万总吨的"传奇"级(Meraviglia Class),以及即将陆续登场的超20万总吨的巨型邮轮——"世界"级(World Class)。嘉年华集团正在为旗下的4个邮轮品牌配置9艘"卓越"级(Excellence Class),这是第一型完全使用液化天然气作为燃料的大型邮轮,目前已有6艘完成建造。此外,迪士尼在2012年前后获得2艘吨位约13万的"梦想"级(Dream Class)之后,目前3艘超14万的"特里同"(Triton)级也在陆续建造之中。

与此同时,以世鹏邮轮(Seabourn)、丽晶七海邮轮(Regent Seven Seas)、水晶邮轮(Crystal)、大洋邮轮(Oceania)、银海游轮(Silversea)等品牌为主的精致邮轮领域,尽管船只并没有呈现大规模加大体量的特点,但规模的再造都体现在了具体的套房扩大之中,面积达400平方米以上的套房目前也已屡见不鲜。丽晶七海邮轮上的"摄政套房"(图1-12)是当今最大的邮轮套房之一,其中仅阳台的面积就达115平方米。

图1-12 丽晶七海邮轮上的"摄政套房"

（二）娱乐创新

现代邮轮产业的变革与发展还体现在多个领域，如以皇家加勒比为代表的大多数邮轮新品牌，都尤为注重娱乐活动的创新：在跳伞模拟设施（图1-13）上跳伞，在精心设计的水滑梯里嬉戏，以空中绳索攀岩课程挑战自己，享受最先进的水疗服务，在IMAX巨幕影院大开眼界，在高端精品店购买名牌珠宝，和皇家戏剧学院的老师们一起上表演课等。"海洋量子号"（Quantum of the Seas）配备了机器人调酒师，提供了邮轮行业的第一个数字娱乐舞台，这些舞台的背景由巨大的高清屏幕组成，几乎可以以1080p的分辨率显示所有场景。观看完一场表演后，宾客还可以去机器人酒吧，通过平板电脑下单，享受由机器人调酒师调制和提供的饮料。

图1-13　皇家加勒比超量子系列"海洋光谱号"（Spectrum of the Seas）邮轮上的跳伞模拟器——甲板跳伞

在皇家加勒比的超量子系列邮轮上，有一个可以兼容篮球场和碰碰车的多功能运动场，室外甚至还有一组可供高空观景的悬臂式观景舱，它最高能距离水面300英尺（1英尺＝0.30米），使宾客360度观景；在嘉年华最新的旗舰——"卓越"级（Excellence Class）邮轮上，还有长度超过300米的"海上过山车"；在即将登场的诺唯真邮轮新旗舰——"领途"级（Prima Class）上面，甚至有环绕烟囱的多层的海上卡丁车道，这是邮轮行业与赛车行业结合产生的创新之花……这些创新都使得宾客的巡游体验更轻松、更愉快、更有趣。

（三）目的地变革

在现代度假邮轮的设计中，控制吃水深度是非常关键的一环，因为吃水是选择目的地港口考虑的最主要因素之一。当然有些船只不需要停靠码头，可以停在距离岸边不远的海上，通过接驳船把宾客接到岸边，但这不是很多旅游者喜欢的选择。因此，如今大型船只的航行路线与20世纪70年代和80年代的时候没有太大区别。能停靠在新兴目的地的往往是那些规模小巧的精致邮轮和探险船。

目前从世界巡游之都迈阿密出发的邮轮通常前往加勒比海、墨西哥西海岸等海域，停靠的目的地涵盖众多美丽群岛，甚至大部分的度假邮轮公司还会有私属海岛，目前还有一些新的私属海岛正处于建设之中。在对目的地的再造中，尽管邮轮本身已经被打造成旅游目的地，但宾客们仍想进入各大海域乃至深入到部分内河流域，而能否把宾客舒适地带到这些地方，也是邮轮变革中的重要考量。

当然众多令宾客们向往的目的地，同时也往往是生态最为脆弱的地方，这对度假邮轮的环保技术提出了更苛刻的要求。目前世界各大邮轮公司都在大力开发包括清洁能源技术在内的环境友好设施，其中多个品牌已承诺将在21世纪30年代推出零排放邮轮，并在21世纪50年代后，整个船队的运营实现零排放。在环保技术的推行上，目前度假邮轮业界已经走在了世界的前沿，这也是度假邮轮产业对世界发展的重大贡献之一。

与此同时，随着经济全球化的步伐加快，亚太地区邮轮业发展迅速，以中国为代表的亚太地区邮轮市场需求激增，中国邮轮产业俨然成为现代旅游业中最为活跃、发展最为迅猛的产业之一，以大型豪华邮轮为代表的中国本土邮轮产业进入了一个新时期。

邮轮设计更需专业化、定制化

邮轮越来越大的趋势势不可挡，但邮轮最终是否会发展成海上都市，是一个讨论广泛的话题。早在20世纪末，美国曾经计划建造4艘被称为"世界城市"级（World City Class）的超级海上巨无霸，这些船的长度均在400米以上，船上有多栋醒目的巨型建筑。一旦建成，它们将主要在美国的东西海岸进行巡航，并为船上的宾客提供海上城市般的体验。

"世界城市"级的设计具有现代都市的风范，但等待它的结局却是流产。此后美国有过更为夸张的设计，这就是被命名为"自由号"（Freedom Ship）的海上城市。它设计长达1400米，可同时供6万人居住，项目的最终结局依旧是流产，专家学者们对人类能否建造这样的海上城市大多持否定态度。无论海上娱乐之都的魅力如何，对地球和海洋保持足够的敬畏之心是人类游海、拓海的根本，因此这些华而不实的计划不能变成现实有其必然性。但人类对大型海事工程的追求，就好比对超高层建筑的追求，都有助于提高人类工程技术水平，令更多符合实际并迎合未来需求的船舶或建筑得以建成。

现代度假邮轮产业自20世纪70年代开始逐步成型以来，体量越来越大、娱乐设施越来越健全，主要针对大众化宾客群体的超大型邮轮占据度假邮轮市场的绝对主流。此外，还有专门针对不同地域及差异需求而出现的各种特色邮轮，比如专门针对高品位客群的精致邮轮，该细分市场以世鹏邮轮和大洋邮轮等经典品牌为代表；其次还特别值得一提的是探险邮轮，这种邮轮通常与"豪华"无缘，因为它们针对的客群主要是热衷于探索未知领域的冒险者。

（来源：杨冯生.世界超级邮轮大百科[M].北京：机械工业出版社，2019.）

第三节　中国邮轮产业的发展

> **案例导入**
>
> 2006年，只有1艘邮轮在我国开通母港航线，出游不到2万人次；2016年，全国11大港口城市共接待邮轮1040艘次，18艘邮轮开通母港航线，出游旅客首次突破200万人次，达到214万人次……10年来，邮轮在中国经历了从无到有的历程，邮轮数量与旅客人数连年攀升。据国际邮轮业协会预测，未来10年，亚太邮轮旅游市场总量将超过美国。当下，中国邮轮旅游业正迈入一个全新的时代，迎来新的"黄金十年"。
>
> （来源：邮轮旅游迎来新"黄金十年"[OL]．中国政府网，2017-7-22.）
>
> 思考：你如何看待中国邮轮产业发展前景？

2015年10月，为贯彻落实《国务院办公厅关于进一步促进旅游投资和消费的若干意见》，加快实施六部委共同发布的《关于促进旅游装备制造业发展的实施意见》，推动邮轮旅游转型升级，大力构建新时期邮轮旅游发展的大格局，国家旅游局在我国旅游和邮轮发展史上首次召开全国邮轮旅游推进会（上海），标志着邮轮旅游已成为促进中国经济发展的新的增长点。

一、中国邮轮产业的起步阶段

中国的港口接待现代国际度假邮轮始于1978年，中国改革开放以来，一些外资公司瞄准中国市场，在中国设置了国际邮轮公司办事处。进入21世纪以来，随着我国经济社会发展、人们生活水平的提高和消费需求的升级，邮轮旅游需求规模迅速扩大，现代邮轮度假旅游也开始真正走入中国民众的生活。

（一）中国邮轮产业起步的标志

为了满足人们对更高级旅游方式的追求，以上海为代表的中国地方政府加大了旅游发展力度。2006年7月2日，中国首座邮轮母港——上海国际客运中心邮轮码头正式开港。同一天，也是在这座母港，中国首艘母港度假邮轮——歌诗达旗下的"歌诗达爱兰歌娜号"（Costa Allegra）（图1-14）正式开启了在中国母港的运营，这对于中国邮轮产业而言是真正的"破冰"。

虽然"歌诗达爱兰歌娜号"与欧美同期主流的邮轮相比有较大差距，但它为中国游客开创了一种全新的休闲度假方式。按照政策规定，国际邮轮公司采用的是与国内旅行社合作的方式，开展与出境游相关的邮轮旅游业务。此后，中国邮轮市场快速升温，中国发展邮轮经济的时机渐趋成熟。

纵观当今的全球邮轮旅游市场格局，虽然国际邮轮市场主要在北美和欧洲，这两大地区占据了全球邮轮市场的最大份额。而我国有优越的地理位置、独具魅力的东方文化、丰富的旅游资源和潜力巨大的客源市场，国际邮轮产业开始将亚洲尤其中国作为值得深耕的新兴市场。

图1-14 "歌诗达爱兰歌娜号"邮轮

(二) 各级政府的相关政策扶持

中国邮轮产业的发展，离不开中央政府和各级地方政府的大力扶持。早在1996年，国务院发布的《中国海洋21世纪议程》就涉及了发展现代邮轮旅游的内容；2008年6月出台了《国家发展改革委关于促进我国邮轮业发展的指导意见》；2009年10月19日，允许国际邮轮公司在华开展多点挂靠业务，游客可以在邮轮停靠的任一港口离船登陆观光，并简化多点挂靠时的游客检查手续；同年12月，国务院发布了《国务院关于加快发展旅游业的意见》，首次提出"把旅游业培育成国民经济的战略性支柱产业"，要培育新的旅游消费热点，支持有条件地区发展邮轮、游艇等新兴旅游，把邮轮、游艇等旅游装备制造业纳入国家鼓励类产业项目；2010年11月24日，《国际邮轮口岸旅游服务规范》(LB/T 017-2011)行业标准通过全国旅游标准委员会的审查，该规范从接待服务、服务设施与服务项目、安全要求、卫生要求、服务信息传递和综合管理等方面对我国邮轮港口的相关服务进行规范，是目前第一个国家级邮轮行业规范。

一系列政策的出台有力地拉动了中国邮轮经济的发展，目前多个邮轮公司已经在中国建立了办事处和分公司，多个沿海城市兴起邮轮母港建设热潮。2011年，上海再添吴淞口国际邮轮码头；2012年，国家批准在上海设立首个"中国邮轮旅游发展实验区"，标志着中国邮轮产业进入扩张迅猛的腾飞阶段。

二、中国邮轮产业的腾飞阶段

2011年，上海再添吴淞口国际邮轮港（图1-15），是上海的第二座度假邮轮母港，也是目前中国乃至整个亚洲最大的国际度假邮轮专用港；2012年，国家批准在上海设立首个"中国邮轮旅游发展实验区"。这一年，邮轮度假的主战场从上海北外滩转向吴淞口，中国邮轮旅游的"大船时代"正式开启，而中国超大邮轮市场定位的确立也为中国邮轮产业的腾飞时代正式拉开帷幕。

(一) 中国邮轮产业腾飞的标志

2009年，"梦幻"系列（Vision Class）"海洋神话号"（Legend of the Sea）成为国际邮轮巨头皇家加勒比进入中国市场的第一艘邮轮，标志着中国邮轮业腾飞阶段的开启。这是一艘吨位达7万的大型度假邮轮，于1995年5月下水，全长264.26米，宽32米，吃水7.9米，共有11层甲板，最大载客量2074人。当时，"海洋神话号"

所采取的分销模式对促进中国度假邮轮营销起到了很好的借鉴作用,而船上提供的一系列休闲节目也得到了各年龄段宾客们的欢迎。

图1-15　吴淞口国际邮轮港

2012年,随着皇家加勒比在上海投入吨位达13.8万的"海洋航行者号"(Voyager of the Seas)(图1-16),中国邮轮旅游的腾飞阶段正式来临。投放大型邮轮被证明是发展中国邮轮经济至关重要的举措,这让国人开始接触到了"邮轮就是目的地"的新理念,此后进驻中国市场的国际邮轮品牌大都投放旗舰级的大型邮轮。2014年,公主邮轮开启在中国市场的耕耘,就直接投放了"钻石"级(Diamond Class)"蓝宝石公主号"(Sapphire Princess),此后更新型的"皇家"级(Royal Class)"盛世公主号"(Majestic Princess)甚至专门为适应中国市场而做了大量调整。2015年,皇家加勒比在上海投入了世界首艘智能邮轮"海洋量子号"(Quantum of the Seas),而此时距离该船的交付仅过去半年。2015年6月,上海吴淞口国际邮轮码头首次出现8艘邮轮同时运营的盛况。

图1-16　"海洋航行者号"上的皇家大道

在"歌诗达爱兰歌娜号"进驻中国满十年的 2016 年，中国邮轮游客量首度突破 200 万人次，达到 214 万人次，占据该年度全球邮轮市场总份额的近 10%，并成为世界第二大邮轮旅游市场。当年，全国 11 大港口城市共接待邮轮 1040 艘次，18 艘邮轮开通母港航线。

2013 年 1 月 26 日，海航旅业的"海娜号"在海南三亚凤凰岛国际邮轮港启航，标志着中国本土品牌正式进军现代海洋邮轮业。2015 年 4 月携程旅行网与皇家加勒比合资成立天海邮轮公司，并采用原精致游轮"世纪号"投入运营，新的名字"新世纪号"也昭示着中国邮轮的蓬勃发展。"南海之梦号""中华泰山号""钻石辉煌号""世纪和谐号"……本土邮轮一艘又一艘地完成启航，这是中国邮轮历史上值得铭记的一个辉煌时代。

（二）国家对邮轮产业发展的支持

2015 年，国务院办公厅发布《国务院办公厅关于进一步促进旅游投资和消费的若干意见》，明确提出推进邮轮旅游产业发展。同年 10 月，工业和信息化部、发展改革委、国家旅游局等六部委联合下发《关于促进旅游装备制造业发展的实施意见》，其重点任务是加快实现邮轮自主设计和建造，构建新时期邮轮旅游发展的大格局。2016 年年底，国务院发布的《"十三五"旅游业发展规划》中包含多处邮轮旅游发展措施：推动国际邮轮访问港建设，扩大国际邮轮入境外国旅游团 15 天免签政策适用区域，有序扩大试点港口城市范围，统筹优化入境旅游政策，推进入境旅游签证、通关便利化，研究制定外国人来华邮轮旅游、自驾游便利化政策……

三、中国邮轮产业向本土化转型的阶段

然而，据国际邮轮协会统计，进入 2018 年，全球度假邮轮市场规模仍保持持续增长，但中国市场的增速却开始放缓：无论是母港接待的邮轮艘次，还是参加邮轮度假的宾客人次，均出现了自 2006 年以来的首次下跌。不可否认，十余年间，国际度假邮轮产业在中国取得了爆发式增长，但主要出自宾客们对这种崭新的、时尚的度假方式的尝鲜式需求，唯有进一步深耕才有可能取得突破。中国邮轮产业也开始从国际度假邮轮向本土邮轮转型。

（一）中国邮轮产业进入转型阶段的标志

2018 年 3 月，皇家加勒比和携程公司宣布将关闭天海邮轮品牌，"新世纪号"在 2018 年 8 月进行了中国上海至日本福冈的最后一次航行。除了天海邮轮，国内还涌现了渤海邮轮、钻石邮轮、南海邮轮等本土品牌，但因定位徘徊在产业链下游、单体运营竞争力低下、缺乏特色邮轮文化的加持等因素，它们中的大多数目前已消逝在历史洪流中，没能改变中国邮轮产业自 2006 年以来一直仅扮演市场客源地角色的处境，中国邮轮发展进入转型阶段。

（二）中国邮轮本土化发展的相关政策支持

2018 年 9 月 17 日，国家十部委联合制定印发了《关于促进我国邮轮经济发展的若干意见》，明确了九个方面的主要任务，包括积极培育邮轮市场、加快推进邮轮建造及配套装备产业发展等，新的本土邮轮品牌肩负着为中国邮轮经济转型进行探索的责任而破土而生。同样在 2018 年，中国中船集团与美国嘉年华集团在华成立

合资公司——中船嘉年华邮轮有限公司（中船嘉年华），它旗下的首艘邮轮"大西洋号"（Atlantica）于2020年1月11日完成转移。2021年4月30日，"地中海号"（Mediterranea）也由嘉年华集团交付到中船嘉年华手中。预计2023年后其将成为拥有多达8艘邮轮的本土大型邮轮企业，加之深耕全产业链的强大助力，它将成为本土邮轮产业的中坚力量，从而带动本土邮轮产业的良性健康发展。

（三）中国邮轮的本土化进程

邮轮设计建造属于邮轮产业链的上游，是中国邮轮经济转型的重要方面，中国招商局为中国本土邮轮的建造实现零的突破，2019年9月6日，首艘国产探险邮轮"格雷格·莫蒂默号"（Greg Mortimer）由招商局工业集团（招商工业）顺利交付。目前招商局除了成立招商局邮轮制造有限公司（招商邮轮）、招商局邮轮研究院，同时还规划了世界级的邮轮配套产业园。

此外，中船集团旗下的中船邮轮科技发展有限公司（中船邮轮）承担着国产首制大型邮轮H1508船（图1-17）的建造任务。大型邮轮被誉为"造船工业皇冠上最耀眼的明珠"，此项目也被中船集团视为践行高质量发展战略的一号工程，于2019年10月18日正式开工。中船邮轮也开始了邮轮设计的探索，相信随着全产业链的推进，中国本土邮轮产业的发展很快将迎来再次腾飞。

图1-17　建设中的国产首制大型邮轮H1508

本章小结

本章梳理了世界邮轮发展的历史脉络及现代中国度假邮轮时代的发展历程，对远洋邮轮与度假邮轮的异同、远洋邮轮海上黄金时代中的蓝飘带奖与奢华体验竞争、现代度假邮轮产业的多样化发展、国际度假邮轮对中国的影响、中国发展本土邮轮的进程等内容进行了全面梳理。邮轮历史文化是学习邮轮文化的基础，请将后续章节的内容多与本章结合。

实践实训

实训一

分为若干实训小组，通过查阅相关图书或网络资料，了解1～2家世界著名邮轮公司的发展历史，并在课后讨论，形成分析报告。

实训二

结合我国邮轮发展现状，在课堂上分组讨论，在邮轮旅游迅猛发展的大背景下，我国国际邮轮产业应如何发展，并形成发言稿，由小组学生代表参与班级讨论发言。

知识检测

一、选择题（含单选、多选）

1. 以下哪艘船被公认为世界上的第一艘远洋邮轮？（　　）
   A."不列颠尼亚号"　　　　　　　　B."不列颠尼克号"
   C."大不列颠号"　　　　　　　　　D."不列颠号"

2. 以下哪艘船被公认为世界上的第一艘海洋度假邮轮？（　　）
   A."不列颠尼亚号"　　　　　　　　B."维多利亚·露易丝公主号"
   C."泰坦尼克号"　　　　　　　　　D."诺曼底号"

3. 以下哪艘现役邮轮被认为将是世界上最后的跨洋班轮？（　　）
   A."嘉年华阳光号"　　　　　　　　B."玛丽女王2号"
   C."海洋量子号"　　　　　　　　　D."蓝宝石公主号"

4. 以下哪项规划不属于现代度假邮轮的成就？（　　）
   A. 冬季花园　　　B. 皇家大道　　　C. 中央公园　　　D. 顶层露天泳池

5. 2013年中国开始有了自己的度假邮轮品牌，请问以下哪个不属于本土品牌？（　　）
   A. 南海邮轮　　　B. 渤海邮轮　　　C. 中船邮轮　　　D. 水晶邮轮

二、简答题

1. 简述"绿洲"系列邮轮的特点。
2. 简述中国度假邮轮产业自2006年以来的发展阶段及各自特点。

第二章　邮轮品牌文化

学习目标

▶ 能力目标

1. 能够正确介绍世界著名邮轮品牌文化。
2. 能够正确进行邮轮旅游市场细分和邮轮品牌定位。

▶ 知识目标

1. 了解邮轮品牌文化的构成。
2. 掌握邮轮品牌细分和品牌定位的要点。
3. 了解和掌握世界著名邮轮品牌的核心、特点。

▶ 素质目标

1. 通过对邮轮品牌文化基础知识的学习，培养学生的品牌意识，为学生未来择业和就业奠定坚实的基础。
2. 通过对世界不同邮轮品牌文化的学习，培养学生的文化包容意识，提升对跨文化职场的应对能力。

章节导读

在中国市场上，有众多的邮轮品牌。每一品牌均有各自的文化特色，服务于不同的目标客户群。皇家加勒比游轮主要以奢华的邮轮设计和细致周到的管家式服务吸引高层次消费群体，嘉年华邮轮以"快乐邮轮"作为品牌诉求，歌诗达邮轮以"海上意大利"（Italy at sea）作为品牌定位，世鹏邮轮、银海游轮则为高端宾客提供奢华、优质的服务。另外还有地中海、诺唯真等邮轮品牌，也都有着不同的品牌特征和目标客户群体，更好地满足邮轮宾客多样化的需求。在本章中我们将一起来领略世界主要邮轮品牌文化并了解和掌握他们的品牌核心、特点。

第一节　邮轮品牌文化认知

案例导入

登录各大邮轮公司官网，认识各大邮轮公司的品牌标志。

思考：同学们认识以上这些邮轮品牌标志吗？看到这些标志你会联想到什么？这些标志又有哪些功能呢？

品牌源于古挪威语 brandr，意为灼烧，人们用这种方式来标记家畜等私有财产。到了中世纪的欧洲，手工艺匠人用这种打烙印的方法在自己的手工艺品上烙下标记，以便顾客识别产品的产地和生产者。在《牛津大辞典》里，品牌被解释为"用来证明所有权，作为质量的标志或其他用途"，即用以区别和证明品质。

由此可见，品牌是用以识别某个销售者或某群销售者的产品或服务，并使之与竞争对手的产品或服务区别开来的商业名称及其标志，通常由文字、标记、符号、图案和颜色等要素构成。也可以说，品牌是产品差异化的标志。一般来说，品牌文化包括品牌名称和品牌标志。

一、品牌名称

在过去的商业时代，可能随便取一个名字不会有很大的区别。因为那时候的品牌少，消费者的选择也少。同一个品类，市场上可能只有一两个品牌。但是在当今科技发达和信息极速传播的互联网时代，产品同质化越来越严重，品牌数量远远多于过去，好的品牌名称就变得越来越重要了。

（一）响亮的名称是品牌的脸面

响亮的名称是品牌的脸面，无形中大大降低了品牌的传播成本。皇家加勒比能在不到 10 年的时间里，成为全球著名的国际邮轮品牌，品牌名称为其品牌资产的价值做出了巨大贡献。皇家加勒比是个朗朗上口、非常好记的名称，"皇家"象征尊贵，"加勒比"是世界上最引人入胜的度假胜地之一，两者结合，很容易让消费者留下深刻印象。

（二）品牌名称承载着消费者的忠诚度

名称不但是为了辨识产品，也承载着消费者的忠诚度。因此邮轮公司在并购其他邮轮品牌时，通常会保留原先的名字。例如，精致游轮在被皇家加勒比收购后，依然保持其原来希腊公司的名字和烟囱上著名的"X"品牌标志。

二、品牌标志

（一）品牌标志的内涵

品牌标志（logo），是一种构成品牌的视觉要素。通过一定的图案、颜色向消费者传递某种信息，以达到识别品牌、促进销售的目的。logo 是品牌标志的英文说法，由希腊语 logos 演化而来，设计和传播品牌的 logo 能够起到对品牌简化识别的作用，通过形象的品牌标志，可以让消费者更易于理解和记忆品牌符号。

因此，品牌标志是品牌的重要组成部分，其应用最广泛、出现频率最高。品牌标志让消费者更易于理解品牌符号上的关键信息，比品牌名称更加生动形象地表现出品牌的内涵。

（二）品牌标志的设计

品牌标志是以特定、明确的图形来表示事物，不仅起着指示事物存在的作用，更重要的是以具体可见的图形来表达一种抽象的精神内容，也就是指品牌中可以被识别但不能用语言表达的部分。

标志是品牌符号识别要素的核心，也是整体传播系统的主导。在视觉要素中，标志应用最广泛，出现频率最高，标志成为品牌信誉和产品质量的保证，一定程度上也成为消费者识别和购买商品的依据。标志要取得良好的传播效果，就要求其设计一方面要能体现标志所代表的象征意义和内容，另一方面要考虑设计是否能符合消费者的心理，以唤起心灵上的共鸣。

三、品牌功效

（一）品牌对企业的功效

对于企业而言，品牌是唤起消费者重复消费的原始动力，是消费市场上的灵魂。可以说没有品牌，企业就没有了灵魂；没有品牌，企业就失去了生命力。对于企业来说，品牌是资产，就像所有的资产一样有价值。品牌是无形资产，而且这个无形资产甚至比有形资产更有价值。

品牌的价值可以用知名度来衡量，知名度分为"被动的认知（Aided Awareness）"和"主动的认知（Unaided Awareness）"。举例而言，如果做街头问卷调查时，问题是"选择您最喜欢的邮轮"，有 A、B、C、D、E 几种选择，答者看选项回答，这就是"被动的认知"；如果没有选项，答者直接回答企业名称，这就是对品牌有"主动的认知"。

（二）品牌对消费者的功效

对于消费者而言，品牌是情感的标记，意义在于产生联想。品牌是给消费者的信号，是产品的差异化服务。在完全充分竞争的市场上，没有产品差异化，将会导致不计其数的供应商提供一模一样的产品。

品牌给消费者一个选择产品的理由，是产品差异化的标志，有助于降低消费者的搜索成本。搜索成本指的是消费者在购买之前，为了了解产品和比较价格耗费的时间与精力。如果对一个品牌认同和信赖，消费者在购买前就无须再看太多攻略和做太多的功课。消费者和供应商所了解的产品信息是不对称的，后者的产品信息远多于前者，前者只有在消费了产品之后，才会对产品有所了解。品牌可以帮助解决信息不对称的难题。

对于企业而言，建立品牌是个长期的过程，不是一蹴而就的事情。这不仅是因为在消费者的心目中占据一席之地需要时间，同时建立品牌也需要持续不断地摸索，有一个对受众了解和理解的过程。邮轮作为一个西方舶来品，要在历史悠久、文化深厚的中国市场上建立自己的品牌，更是不易。邮轮公司不仅要面对消费者的语言差异，更为关键的是面对文化差异。

第二节　邮轮品牌细分和品牌定位

从 2009 年到 2019 年的 11 年间，皇家加勒比独揽了《旅讯》和《旅业报》举办的年度旅业评奖活动中的"中国最佳邮轮公司"和"最佳邮轮运营商"大奖，反映了皇家加勒比在旅业中的地位和消费者中的口碑。

更为有力的品牌影响力的证据,直接来自市场认可。当然,品牌的成功还有诸多原因,包括船舶和航线的部署、产品、市场、团队等。但是,品牌的定位是至关重要的。

(来源:刘淄楠. 大洋上的绿洲:中国游轮这10年[M]. 北京:作家出版社,2019.)

思考:皇家加勒比游轮公司是如何针对中国邮轮旅游市场进行品牌定位的呢?为什么能够成功?

一、邮轮品牌细分

一般人认为邮轮体量越大,装饰越豪华,邮轮品牌就越好,其实不然。目前对于邮轮品牌分类这个问题,并没有一个官方的或者统一的标准,邮轮公司也好,旅行社或者平台也好,对邮轮品牌进行分类和定位主要是为了让客户快速找到适合自己的邮轮产品。

目前,国际上比较常用的、直观的邮轮品牌分类是根据价格,把邮轮品牌细分为廉价邮轮、现代邮轮、精品邮轮以及奢华邮轮四类。

(一)廉价邮轮

廉价邮轮是一个不容易生存的类别,因为廉价意味着邮轮又回到运输方式的形态,50年前由于航空业的兴起,邮轮的运输形态几近消失。欧洲的廉价航空做得很好,20世纪90年代英国廉航巨头易捷航空(Easyjet)以为可以在邮轮业复制同样的成功,开始涉足廉价邮轮产业。结果,这家背景宏大的廉价邮轮公司半年就倒闭了。

(二)现代邮轮

现代邮轮是相对于廉价邮轮而言,以巡游和度假为目的,把邮轮从传统的交通运输方式转化为度假方式,而且把小众的度假方式转型为大众、价格合理的度假方式。

邮轮中的现代品牌,首要特点就是船只的体量大,几乎个个都是巨无霸。现代邮轮的格调虽然比不上奢华邮轮,但是也有奢华邮轮所不具备的优势,比如更多的餐厅、更加丰富的娱乐设施、更多志同道合的小伙伴……如果喜欢热闹而且喜欢体验新鲜事物,这些现代邮轮绝对值得去尝试。

在中国邮轮市场上,有很多现代邮轮品牌都是大家耳熟能详的,在很多的平台上都能看到它们的身影:皇家加勒比国际游轮、嘉年华邮轮、诺唯真邮轮、地中海邮轮、公主邮轮、歌诗达邮轮等。这些品牌基本上也是被选择最多的。

(三)精品邮轮

精品邮轮从空间比、餐标、宾客和服务人员的比率、提供的娱乐活动等方面都明显好于现代邮轮,尤其是宾客和服务人员的比率在2∶1~3∶1之间。目前,市场上著名的精品邮轮品牌有精致游轮、荷美邮轮、冠达邮轮等,它们并没有出现在中国市场。

(四)奢华邮轮

奢华邮轮是精品邮轮的进一步升级,是处于顶端的奢侈邮轮类别,与中低端的邮轮有着明显的区别，其空间比、舱房面积、宾客与服务人员的比率、所提供的娱乐活动和餐饮服务都是顶尖的，会给宾客带来极致的旅游体验。

奢华邮轮的首要特点就是船只的体量都不大，不像现代邮轮几乎个个都是巨无霸，但是宾客可以享受到更宽敞的空间。另外，奢华邮轮员工客服比率接近1∶1，这意味着宾客将能够享受更加及时贴心的服务。例如，奢华邮轮的服务人员会让宾客印象深刻，他们彬彬有礼，记得船上每个客人的名字，了解客人的喜好。与其他类型的邮轮不同，奢华邮轮上的酒类、软饮料等都是免费供应的。所有的套房都提供管家服务，这得益于奢华邮轮接近于1∶1的客服比率。

目前，市场上著名的奢华邮轮品牌有水晶邮轮、世鹏邮轮、银海游轮等（没有在中国市场运营）。

二、邮轮品牌定位

品牌定位的核心是打造邮轮公司的品牌价值，可以使某一特定邮轮品牌在邮轮旅游市场上确定一个适当的位置，当消费者产生邮轮旅游需要时，会立刻想起该品牌。因此要想正确地进行品牌定位，必须要能够正确进行邮轮旅游市场细分，找到正确的目标客户群。

（一）邮轮旅游市场细分

要进行有效的市场细分，就必须找到科学的细分依据。这个依据就是导致顾客需求出现差异的因素。各大邮轮公司可以按照这个因素将整个邮轮旅游市场细分为若干个不同的子市场，以提供不同的邮轮产品来满足不同消费者的需求。

1. 依据人口变量细分

按照人口变量细分市场就是按照消费者的年龄、性别、家庭结构、经济收入水平、职业、文化程度、宗教、民族、种族等人口因素进行市场细分。由于消费者的愿望、偏好、购买频率与人口因素密切相关，而这些人口特征又明确、清晰、容易衡量，因此使用人口变量细分市场是邮轮公司经常采用的方法。

（1）按年龄细分

消费者的需求和消费能力随着年龄的增长而不断变化，邮轮公司按照消费者的年龄结构，可以将市场细分为老年人市场、中年人市场、青年人市场和儿童市场等。老年人退休后没有工作压力，没有养育子女的压力和家庭负担，喜欢慢节奏的旅游方式，是邮轮公司的理想客源。中年人偕家人出游，喜欢热闹的气氛，希望有比较多的娱乐活动以及青少年活动。年轻人观念新、爱冒险，更愿意尝试新的邮轮和新的设施。

（2）按性别细分

性别不同的消费者对邮轮旅游产品的需求也表现出一定的差异。随着女性就业率的提升，家庭有更多的可支配收入用于旅游，参加邮轮旅游的女性宾客数量不断增加。与此同时，公务旅游的女性数量也在逐年上升。很多邮轮公司非常重视女性客源市场，在邮轮旅游产品设计和服务提供上考虑女性消费者的需要，受到女性消费者的好评。

（3）按家庭结构细分

家庭是社会的细胞，也是消费的基本单位。单身客人与家庭客人、有小孩的家庭与无小孩的家庭、青年夫妇与中老年夫妇在邮轮旅游产品的消费需求、消费结构和消费特点上都有较大不同。一些邮轮公司侧重于吸引带小孩的家庭宾客，会在邮轮的设施与娱乐活动安排上体现出更多适合亲子游的特色。

（4）按经济收入细分

消费者经济收入和支付能力与邮轮旅游消费的层次、结构和水平之间存在着直接的联系，是造成邮轮旅游消费需求差别的一个直接而重要的因素。在邮轮旅游市场中，一些邮轮公司定位高端，为经济收入较高的邮轮旅游消费者提供尊贵奢华的邮轮旅游体验，按照消费者的收入水平来细分市场相当普遍。

2. 依据地理变量细分

按照消费者所在的地理位置和自然环境进行市场细分。邮轮旅游消费者来自世界各地，而地理因素容易辨别与分析，并且非常稳定，因此，地理因素成为邮轮公司细分市场的重要标准之一。常见的地理细分变量包括国家、地区、城市、乡村、气候等因素。对于邮轮公司来说，可以按照国家、地区等变量细分消费者市场。

不同国家和地区的邮轮旅游消费者对邮轮旅游产品和服务往往有不同的需求与偏好，比如对于邮轮客舱，亚洲宾客往往注重装饰与设施的齐全，欧美宾客往往更重视整洁、卫生和舒适等。邮轮公司按照地理变量细分市场后，可以根据主要的客源市场设计邮轮旅游产品，进行针对性的营销活动。

3. 依据消费行为细分

按照消费者的消费目的、消费状况、追求利益、品牌忠诚度等将整个市场细分为不同的子市场。消费者的行为直接决定消费的最终实现与否，因而更能反映消费者的消费需求差异。

（1）按消费目的细分

宾客对邮轮旅游产品的消费往往是伴随其外出旅行的行为产生的。在参加邮轮旅游的游客中，有的以休闲度假为目的，有的以会奖（MICE）为目的。休闲度假宾客市场因为其持久的生命力和巨大的市场空间成为邮轮旅游市场中至关重要的细分市场，但同时也不能忽视会奖型邮轮宾客。随着经济活动的全球化，会奖型邮轮宾客所占的比重也越来越大，其巨大的利润空间也得到邮轮公司的高度重视。

（2）按消费状况细分

根据消费者是否购买过邮轮旅游产品以及购买邮轮旅游产品的频次，可以将邮轮旅游市场划分为不购买者、潜在购买者、初次购买者、重复购买者、经常购买者等细分市场。邮轮公司要根据不同的细分市场确定营销重点，不仅要设法使不购买者变成购买者，还要使潜在购买者变成现实购买者，更加注重培养更多的重复购买者和经常购买者。

（3）按追求利益细分

消费者对邮轮旅游产品的需求不同，反映了消费者通过对邮轮旅游产品的消费实现对某种利益的追求不同。消费者购买邮轮旅游产品的主要目的不是得到邮轮旅游产品本身，而是获得邮轮旅游产品所能带来的利益，比如，有的宾客追求经济实惠,有的宾客则希望能体现身份地位等。

(4)按品牌忠诚度细分

品牌忠诚度也叫偏好程度,是指消费者对某品牌的邮轮旅游产品的喜爱程度。根据人们的偏好程度,可以将邮轮旅游市场划分为极端偏好市场、中等偏好市场、偏好变动市场、无偏好市场等。

极端偏好市场是只到某一品牌的邮轮上度假,中等偏好市场是偏好两至三个邮轮品牌,偏好变动市场是原先偏好某一品牌之后又转而偏好另一品牌,无偏好市场则是指并不偏好任何邮轮品牌。邮轮公司可以培养消费者对品牌的忠诚度,促使消费者形成对其邮轮品牌的极端偏好或中等偏好。

综上所述,不同的邮轮品牌会根据以上标准进行综合考量,进行不同的品牌定位,选择不同的目标客户群,更好地满足邮轮宾客多样化的需求,进而提高品牌的竞争力。下面一起来看一下世界不同邮轮品牌的品牌定位及目标客户群(表2-1)。

表2-1 不同邮轮品牌的品牌定位及目标客户群

邮轮品牌	品牌特征	目标客户群
皇家加勒比国际游轮	邮轮吨位行业领先,船队数量行业领先,产品硬件设施注重创新,拥有各种游乐设施,提供热情友好的服务,鼓励宾客的探索与冒险精神	全年龄段宾客,家庭客群成为近年来的主体
公主邮轮	提供英美式的感官享受以及公主级的服务	追求奢华、时尚、精致旅行的宾客
歌诗达邮轮	船内设计有着浓郁的意大利气息,价格适中,中型邮轮,设施偏向标准化	初次体验邮轮旅行的宾客
地中海邮轮	提供热情的意大利式服务、特色水疗、意式美食	全球各年龄段宾客
丽星邮轮	亚太区的领导船队,以推动亚太区的国际邮轮旅游发展为目标	以亚洲宾客为主
诺唯真游轮	有"承诺、专属和真诚"的品牌理念	中产阶级宾客,客户群集中在美国和加拿大

(二)邮轮品牌定位

品牌定位是邮轮公司吸引消费者并将产品顺利推入目标市场的有力武器。品牌定位的方式非常多,有文化定位法、情感定位法、等级定位法等。

1. 文化定位法

将文化内涵融入邮轮品牌,形成文化上的品牌识别,能够大大提高邮轮品牌的品位,使邮轮品牌形象更加独具特色,如美国嘉年华邮轮集团旗下的歌诗达邮轮的品牌定位体现浓厚的意大利文化气息,倾注心血打造船上的艺术品、雕塑、绘画、壁画等。

2. 情感定位法

将人类情感中的快乐、关怀、爱等情感内涵融入品牌,使消费者在消费邮轮旅游产品的过程中获得这些情感体验,从而唤起消费者内心深处的认同和共鸣,最终形成对品牌的喜爱和忠诚。这是邮轮公司常见的一种品牌定位方法,如嘉年华邮轮塑造的"快乐邮轮"品牌形象,即关注了消费者快乐的情感体验。

3.等级定位法

不同等级的品牌带给消费者不同的心理感受和体验。在这种定位方法中,高等级的邮轮品牌传达了产品高品质的信息,往往是通过高价位体现其价值,并被赋予很强的表现意义和象征意义。如果大众邮轮市场是按硬件档次和价位从低端到高端的金字塔,那么皇家加勒比国际游轮品牌无疑就是定位在金字塔的顶端,皇家游轮的船龄、造价、公共空间比、客房面积、餐饮选择和餐标、娱乐设施和节目都定位在这个业态的一流水准。

本节主要讲解了邮轮品牌细分和邮轮品牌定位的理论知识,让学生了解了国际上最常见的邮轮品牌细分类别以及邮轮品牌定位的方法,能够更好地理解世界著名邮轮品牌定位的差异性。下一节将主要阐述世界著名邮轮公司及旗下邮轮品牌。

第三节 世界著名邮轮公司及旗下邮轮品牌文化

邮轮旅游是以邮轮为载体将一个或多个旅游目的地联系起来的旅游行程。一张邮轮船票包含了住宿、港口间交通、美食、娱乐活动和设施,以及相关服务(图2-1)。

图2-1 邮轮上的相关设施

邮轮旅行可以为宾客们提供舒适、省心的吃、住、行、游、购、娱一站式旅游服务(图2-2)。当宾客踏入邮轮的那一刻,几乎一切费用已经预付了,剩下的只要放松身心就好。

可是,你知道有哪些邮轮品牌吗?歌诗达、皇家加勒比、公主、丽星等,太多的邮轮品牌令人眼花缭乱,如何选择适合自己的邮轮?其实,这些邮轮从服务、活动、餐饮,到为宾客营造的氛围都有所不同,自然适合不同的人群。总之,每个邮轮品牌各具特色,都会给宾客带来一场不同的旅行盛宴。

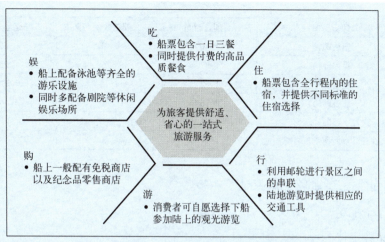

图2-2　邮轮旅行的旅游体验

（来源：全球邮轮品牌科普［OL］．搜狐网，2016-02-05）

思考：你知道哪些国际著名邮轮品牌？它们分别有什么样的特色文化？宾客又是如何来选择邮轮品牌的呢？

全球有60多家邮轮品牌，隶属于不同的邮轮公司。各个邮轮公司为了争夺邮轮旅游市场，旗下的各个邮轮品牌都会针对不同的目标客户群进行差异化定位，呈现出不同的邮轮品牌文化，来吸引更多的邮轮旅游宾客。本节将和大家一起来了解世界上著名的邮轮公司，并领略各大邮轮公司旗下的不同邮轮品牌文化的魅力。

一、美国嘉年华邮轮集团

（一）公司简介

嘉年华邮轮集团是全球最大的超级豪华邮轮公司之一，于1972年成立，总部设在佛罗里达州的迈阿密。嘉年华的首航邮轮是一艘改装的跨大西洋海轮，其中寄托着创业者的梦想。这位现代邮轮业的开创者要实现自己的远大理想，让平常人也能享受以前富豪专属的度假体验，结果，梦想终于实现。嘉年华邮轮以"快乐邮轮"（Fun Ship）作为主要的产品诉求，现在已经发展成为全球第一的超级豪华邮轮公司，拥有约28000名船员和约5000名员工，被业界誉为"邮轮之王"。

嘉年华邮轮集团旗下拥有嘉年华邮轮（Carnival Cruises）、公主邮轮（Princess Cruises）、荷美邮轮（Holland America）、歌诗达邮轮（Costa Cruise Line）、冠达邮轮（Cunard Line）等国际著名邮轮品牌（表2-2）。嘉年华邮轮集团现有邮轮70多艘，其中8万～12万吨大型豪华邮轮有25艘，这也是迄今为止最为庞大的豪华邮轮船队。

表2-2　美国嘉年华邮轮集团旗下邮轮品牌

序号	邮轮品牌	创立时间	邮轮数量/艘	总运量/床位数
1	嘉年华邮轮	1972年	26	69890
2	公主邮轮	1965年	17	45180
3	歌诗达邮轮	1854年	14	34847
4	荷美邮轮	1981年	15	26022

续表

序号	邮轮品牌	创立时间	邮轮数量/艘	总运量/床位数
5	冠达邮轮	1840 年	3	6712
6	世邦邮轮	1987 年	5	2558
7	爱达邮轮	1952 年	13	30212
8	慈善邮轮	2016 年	1	704
9	铁行（英国）邮轮	1837 年	7	17311
10	铁行（澳大利亚）邮轮	1837 年	5	7710

（二）旗下主要邮轮品牌文化

1. 嘉年华邮轮

（1）品牌定位

嘉年华邮轮创立于 1972 年，以"快乐邮轮"（Fun Ship）为主题，几乎二十四小时都有节目，娱乐活动不可胜数，除了基本的网球、高尔夫球，夜晚还会安排现场歌舞表演，宾客们还可以到酒吧小酌放松一下，船上的夜晚活动丰富又有无穷乐趣。此外，宾客无论选择内舱客舱还是豪华套房，都能得到客舱服务员的悉心服务，邮轮上还有中文菜单、中文每日活动表，宾客亦能从容融入邮轮生活，是年轻人比较喜欢的邮轮品牌。

（2）主要航线

船队全年在欧洲、加勒比海、地中海、墨西哥、巴哈马航行运营；而季节性航线则有阿拉斯加、夏威夷、巴拿马运河、加拿大海域航线等。

（3）船队信息

嘉年华邮轮现在旗下共有 7 万吨以上的大型豪华邮轮 25 艘（表2-3），其船队优势在于多样化的休闲设施，装潢新颖、宽敞的客舱。邮轮上的秀场节目与娱乐设施应有尽有，让宾客在船上宛如天天参加嘉年华盛会。豪华的超五星级享受，闪烁的霓虹灯，流光溢彩的环境，这就是嘉年华带给宾客的一切。

表2-3 嘉年华邮轮船队信息

船名	吨位/吨	载客/人	船员/人	首航时间
奇迹号	885000	2124	930	2004/2/27
展望号	133500	3936	1450	2016/5/1
微风号	128500	4675	1386	2012/6/3
梦想号	128251	3652	1369	2009/9/12
魔力号	128048	4675	1367	2011/5/1
辉煌号	113323	3006	1150	2008/18
自由号	110239	2974	1150	2007/3/5
征服号	110000	2974	1150	2002/12
光荣号	110000	2975	1160	2003/7
英勇号	110000	2974	1180	2004/12/17
独立号	110000	4890	1160	2005/7/20
阳光号	102853	3006	1150	2016/5/5
凯旋号	101509	3143	1100	1999

续表

船名	吨位/吨	载客/人	船员/人	首航时间
胜利号	101509	2754	1100	2000/8/11
菁华号	88500	2124	930	2002/1
传奇号	88500	2124	930	2002/8/21
精神号	85900	2124	961	2001/5/1
幻想号	70367	2675	920	1990/3
狂欢号	70367	2634	920	1991/1/6
感知号	70367	2634	920	1993/9/1
神逸号	70367	2634	920	1994
想象号	70367	2634	920	1995
灵感号	70367	3450	920	1996/3/16
天堂号	70367	2054	920	1998/11/1
欢欣号	70367	2052	920	1998/4/1

2. 公主邮轮

（1）品牌定位

公主邮轮创建于1965年，是定位于北美市场的一个至尊邮轮品牌。公主邮轮为宾客提供全新的个性化空间、五星级标准的食宿、温馨的私人服务以及完善的娱乐设施，是全世界阵容最大、服务最好的邮轮品牌之一。

让邮轮假期完美呈现的幕后功臣，就是著名的公主级服务。公主邮轮的服务信条可以由C、R、U、I、S、E这六个字母代表，其意义分别为：礼貌（Courtesy）、尊重（Respect）以及始终如一的卓越服务（Unfailing In Service Excellence）。上从船长的诚心欢迎，下至船舱服务生灿烂的笑脸和贴心的服务，都能作为公主邮轮服务精神的代表。公主邮轮也同样用这始终如一的服务精神，在40年来接待过无数位客人。

另外，每当有新的邮轮加入公主船队时，公主邮轮都会精心挑选一位教母来主持下水命名仪式。每一位优雅且富有魅力的教母，都是公主邮轮的灵感之源。其中，奥黛丽·赫本无疑是最令人瞩目的教母之一。1989年，她在美国为"星辰公主号"拉动了象征起航的操舵仪，并体验了首航。她高贵优雅的公主气质不仅风靡了世界，也启发了公主邮轮为宾客提供尊贵的"公主礼遇"。

（2）主要航线

170条航线几乎覆盖全球，遍布7大洲的超过380个港口与目的地，其中包括加勒比海、阿拉斯加、巴拿马运河、欧洲、墨西哥、南美洲、澳大利亚、新西兰、南太平洋、夏威夷、亚洲、印度、非洲、加拿大、美国新英格兰地区以及环球航线。

（3）船队信息

公主邮轮现在旗下共拥有18艘豪华邮轮（表2-4），半数以上为10万吨级别以上的巨型邮轮。90年代中起，公主邮轮不断改善船上的设施，令旗下邮轮设施和服务趋向多元化，务求使宾客可按照其喜好，选择合适的活动。这种革命性的设计，让宾客在享受大船提供的充足空间之外，亦可体验到小船上才有的温馨与私密的感觉，即公主邮轮独特的"大船的选择，小船的享受"（Big Ship Choice, Small Ship Feel）。

表2-4 公主邮轮船队信息

船名	吨位/吨	载客/人	船员/人	首航时间
盛世公主号	143000	3560	1350	2017/7/9
皇家公主号	142714	4100	1400	2013/6/13
帝王公主号	142229	4100	1346	1991/8/8
钻石公主号	115875	2670	1100	2004/3
蓝宝石公主号	115875	2670	1100	2004/5/16
翡翠公主号	113561	3100	1200	2007/4/11
红宝石公主号	113561	3084	1225	2008/11
皇冠公主号	113000	3080	1201	1990/9/25
加勒比公主号	112894	3142	1200	2004/4/3
至尊公主号	109000	3100	1100	1998/5/27
星辰公主号	109000	3100	1205	1989/3/23
黄金公主号	108865	2670	1100	2001/5/16
珊瑚公主号	92000	1970	900	2003/1/3
海岛公主号	92000	1970	900	2003/7/12
海洋公主号	77499	2272	889	2000/2
太阳公主号	77441	2010	924	1995/12/2
黎明公主号	77441	1998	924	1997/5/8
太平洋公主号	30277	826	373	1999/12

3. 歌诗达邮轮

（1）品牌定位

歌诗达邮轮曾经是世界上最大的邮轮，起源于1860年的歌诗达（Costa）家族，名字源自创始人贾西莫·歌诗达先生（Giacomo Costa），有着悠久而辉煌的历史。

歌诗达邮轮以"海上意大利"（Italy at sea）为品牌定位。无论是外观还是内部装潢，都散发着一股意大利式的浪漫气息，尤其在蔚蓝的欧洲海域，歌诗达船队以艳黄明亮色调的烟囱，搭配企业识别标志英文字母C，航行所到之处均吸引起人们惊艳的目光，成为欧洲海域最为璀璨耀眼的船队。随着这艘海上度假村巡游于蔚蓝的大海之上，每一位宾客都能感受到歌诗达散发的一股意大利式的浪漫气息。

（2）主要航线

歌诗达邮轮拥有完整的地中海航线，遍布整个欧洲，是家庭、情侣、朋友邮轮旅游的最佳之选。这里有纯真的笑容、父母的相伴、爱侣的浪漫、朋友的欢聚，每一幕都充满爱。

（3）船队信息

歌诗达邮轮旗下船队（表2-5）有"歌诗达大西洋号""歌诗达维多利亚号""歌诗达赛琳娜号""歌诗达幸运号"等17艘在役的邮轮。

表2-5　歌诗达邮轮船队信息

船名	吨位/吨	载客/人	船员/人	首航时间
威尼斯号	135500	5260	1278	2019
赛琳娜号	114500	3780	1100	2007
大西洋号	86000	2680	920	2000
维多利亚号	75000	23974	790	2016
幸运号	103000	3470	1027	2003
经典号	53000	1680	590	1991
迷人号	115000	3700	1275	2012
太平洋号	114500	3780	1110	2009
辉宏号	115000	3780	1110	2011
眩目号	93000	2826	1050	2009
命运女神号	103000	2720	1027	2004
地中海号	86000	2680	897	2003
钻石皇冠号	132500	3724	1045	2014
唯美号	93000	2260	898	2010
新浪漫号	57000	1800	622	2012
新里维埃拉号	48000	1244	507	1999
翡翠号	182500	6058	1678	2019

二、皇家加勒比集团

（一）公司简介

皇家加勒比集团成立于1968年，总部位于美国迈阿密，是全球领先的邮轮度假企业。皇家加勒比集团全球船队现有63艘世界级邮轮，广泛航行于超过1000个全球目的地。皇家加勒比集团控股和经营三个屡获殊荣的全球邮轮度假品牌是：皇家加勒比国际游轮（Royal Caribbean International）、精致游轮（Celebrity）、银海游轮（Silversea）。截至2022年5月，皇家加勒比集团仍有13艘邮轮处于建造中。

（二）旗下主要邮轮品牌文化

1. 皇家加勒比国际游轮

（1）品牌定位

皇家加勒比国际游轮隶属于皇家加勒比集团，是全球最大的邮轮品牌，在超过50年的时间里始终致力于将创新注入海上旅行。皇家加勒比旗下七大系列邮轮皆融和全新科技及超凡设施，是邮轮船只建造的杰出代表，专为勇于探索的宾客们打造。皇家加勒比力求为宾客提供极具创新性的度假体验，其丰富的航线涵盖了6大洲、72个国家、超过300个目的地。其中，"完美岛屿度假系列"自推出后便备受瞩目，该系列首座私属岛屿目的地为位于巴哈马的"可可岛完美假日"。凭借一系列创新举措，皇家加勒比国际游轮已连续18年在《旅讯》（Travel Weekly China）读者投票中蝉联"最佳邮轮公司"大奖。

皇家加勒比于2009年正式进入中国市场，凭借持续的价值创新迅速成为最受消费者青睐的行业领导品牌。皇家加勒比一直致力于引领邮轮产业的发展，率先在中国市场部署和经营世界级邮轮，先后引进两艘吨位大、船龄小、设施先进的邮轮——"海洋航行者号"及"海洋水手号"，引领中国邮轮行业进入"大船时代"。皇家加勒比于2015～2016年陆续将全新制造、科技含量极高的邮轮"海洋量子号"及"海洋赞礼号"引入中国，将中国邮轮市场推入"新船时代"。2019年，皇家加勒比全新的超量子系列首艘邮轮"海洋光谱号"开启中国首航。超量子系列凝聚皇家加勒比多年在亚洲市场通过产品优化实践积累的经验和知识，对邮轮新船设计与建造的国际水准发起了又一次冲击，成为中国邮轮市场发展新的里程碑。

（2）主要航线

皇家加勒比国际游轮每年提供200多条精彩纷呈的度假航线，畅游全球300余个旅游目的地，遍及加勒比海、欧洲、阿拉斯加、南美、远东、澳大利亚和新西兰，并且于2009年正式进入中国市场，开设中国母港航线。

（3）船队信息

皇家加勒比国际游轮是全球船队规模最大的国际邮轮品牌，共有绿洲、自由、航行者、灿烂、梦幻5个船系，在运营23艘大型现代邮轮（表2-6），另有2艘邮轮在船厂建造中。船队有着多种其他品牌无可比拟功能和设施，其中包括令人瞠目结舌的百老汇式的娱乐表演，以及业内广受好评的专门针对家庭和探险爱好者的娱乐项目。

表2-6 皇家加勒比国际游轮船队信息

船系	船名	吨位/吨	载客/人	船员/人	首航时间
绿洲系列	海洋奇迹号	236857	5734	2300	2022/3/4
	海洋交响号	228081	5518	2100	2018/4/7
	海洋和悦号	226963	5479	2100	2016/5/29
	海洋魅丽号	225282	5492	2384	2010/12/1
	海洋绿洲号	225282	5492	2394	2009/12/1
	海洋圣歌号	168666	4180	1500	2015/4/22
	海洋量子号	168666	4180	1500	2014/11/2
自由系列	海洋独立号	154407	3634	1360	2008/5/2
	海洋自主号	155889	3634	1360	2007/5/19
	海洋自由号	154407	3782	1360	2006/6/4
航行者系列	海洋水手号	138279	3114	1185	2003/11/16
	海洋领航者号	138279	3686	1213	2002/12/14
	海洋冒险者号	138276	3114	1180	2001/11/18
	海洋探险者号	137308	3114	1185	2000/10/28
	海洋航行者号	132276	3114	1180	1999/11/21
灿烂系列	海洋珠宝号	90090	2502	859	2004/5/8
	海洋旋律号	90090	2490	891	2003/8/1
	海洋光辉号	90090	2501	859	2002/7/19
	海洋灿烂号	90090	2501	859	2001/4/7
梦幻系列	海洋梦幻号	78340	2435	765	1998/5/2
	海洋幻丽号	82910	2446	760	1997/7/13
	海洋迎风号	78491	2435	765	1997/3/19
	海洋富丽号	74000	2446	760	1996/12/14

2. 精致游轮

（1）品牌定位

精致游轮是皇家加勒比集团旗下的精品邮轮品牌，成立于1989年，2019年其中文名更改为名人游轮。其始终致力于为宾客提供高雅而精致的航行体验，并不断优化邮轮服务与美食，给每一位宾客提供现代而奢华的邮轮服务，为邮轮旅游建立了全新的行业标准。

精致游轮将现代奢华的理念作为公司的品牌定位，提供著名的高品质服务、卓越的设计、宽敞舒适的住宿环境和精心烹制的美食，精致游轮标志性的"X"已成为现代奢华的标志。

（2）主要航线

精致游轮有超过260条精彩的度假航线，遍及七大洲，包含世界上最有趣的旅游胜地，让宾客们有更多时间观赏精彩夺目的景点。

（3）船队信息

精致游轮旗下现在拥有15艘豪华邮轮（表2-7），每一艘都有惊人的全新设计。2000年建造的精致"千禧号"是全球第一艘搭载安静、无烟、节能、高效燃气涡轮机的邮轮，相比传统的推进系统，减少废气排放量达到95%。而精致系列作为精致游轮最时尚的船队，更是被国际室内设计协会誉为"邮轮设计的新基准"。

表2-7 精致游轮船队信息

旗下船队	吨位/吨	载客/人	船员/人	首航时间
千禧号	91000	2593	975	2000/6
无极号	91000	2593	999	2001/3
尖峰号	91000	2599	999	2001/10
星座号	91000	2599	999	2002/5
远征号	2842	48	68	2004/6
极致号	122000	3148	1500	2008/11
季候号	122000	3148	1250	2009/8
新月号	122000	3148	1255	2010/4
嘉印号	122400	3324	1500	2011/7
水映号	126000	3480	1272	2012/10
探索号	320	16	/	2017/3
爱极号	129500	3385	/	2018/12
花神号	5739	100	/	2019/6
至极号	129500	3385	/	2020/4
超越号	140600	3836	/	2022/4

三、地中海邮轮公司

（一）公司简介

地中海邮轮公司（MSC Cruises）成立于1970年，是全球第二大货运公司地中海集团（Mediterranean Shipping Company）旗下的分公司，总部设于意大利那不勒斯。300多年前,来自意大利索伦托的航海世家阿庞特(Aponte)家族开始书写历史。经过几个世纪的历练,沉淀了丰富的经验和知识,这个家族的船东和船长们创立了地中海(MSC)邮轮,现已成为全球最大的家族邮轮企业之一,欧洲、南美、南非和中东邮轮市场的领导者之一,真正成为一家全球性的邮轮品牌,是全球发展速度最快的船队。

(二)旗下主要邮轮品牌文化

(1)品牌定位

地中海邮轮独特的意大利风格,使它与其他邮轮公司区别开来,处处流露出公司秉承的"意大利制造"理念,也是其最不同凡响之处。

地中海邮轮的内部设计带有非常明显的意大利风格,包括简单的线条、简洁的家具、色彩与软装潢的良好结合。实木和大理石也被大量用于内部装潢中,这些都很好地反映了地中海邮轮对每一艘邮轮认真的设计和仔细的规划。

地中海邮轮以地中海传统而自豪,并不断提升其高品质的奢华服务水平。开创性举措包括设立水疗美容中心、一个巴厘岛式按摩中心和只在四艘旗舰邮轮上提供的专属区域——贵宾套房。选择游艇俱乐部的宾客可以体验"船中之船"的奢华专属设施,在专属泳池、餐厅、休息厅按照自己喜欢的方式享受假期,私人管家随时为你服务,更有位于船头的豪华套房及其他个性化的服务设施满足宾客的各种需求。

(2)主要航线

地中海邮轮在地中海区域全年有航程覆盖,目的地包括加那利与巴尔阿利群岛、摩洛哥、西班牙、意大利、土耳其以及希腊列岛。北欧目的地包括波罗的海、峡湾、北角与冰岛。同时还有纳米比亚、南非、莫桑比克以及印度洋的毛里求斯、留尼旺与马达加斯加岛。南美目的地包括巴西、阿根廷与乌拉圭。

(3)船队信息

地中海邮轮从2003年开始,投资60亿欧元建设现代化邮轮船队(表2-8),至今,船队规模已达19艘,是全球最年轻的邮轮船队,平均船龄均不超过10年。船上的设计极具现代感、时尚感和科技感,以地中海风、欧式高贵典雅风闻名。

表2-8 地中海邮轮船队信息

船名	吨位/吨	载客/人	船员/人	首航时间
华彩号	180000	6334	1536	2020/11
鸿图号	177100	4888	1536	2019
荣耀号	172000	5686	1536	2019
传奇号	167000	5714	1536	2017
海平线号	154000	5179	1413	2018
海岸线号	154000	5179	1413	2017
神曲号	139000	3502	1388	2012/5
珍爱号	139000	4345	1388	2013/3
幻想曲号	138000	3959	1370	2008/12
辉煌号	138000	4363	1370	2009/7/12
华丽号	93000	3013	1038	2010/3

续表

船名	吨位/吨	载客/人	船员/人	首航时间
诗歌号	93000	3013	1039	2008
音乐号	92400	2550	1014	2006/6/29
管乐号	92400	3013	987	2007/5/14
抒情号	65000	2621	760	2002
歌剧号	59000	1712	880	2004
和睦号	59000	2087	700	2004
序曲号	65000	2087	710	2002/4/25
和睦号（创新之旅）	65000	2679	/	2012

知识拓展

中国奢华邮轮市场：机遇与挑战并存

随着邮轮作为一种旅游产品和目的地逐渐为中国宾客所熟悉，进入中国市场的邮轮品牌也日趋多元化。当这些庞然大物带着极具西方格调的文化和服务来到中国宾客面前时，"奢华"这一标签也被越来越多地提及。

一、奢华邮轮之"奢华"标准

世界著名的奢华邮轮品牌有水晶邮轮（Crystal Cruises）、银海邮轮（Silversea Cruises）、世鹏邮轮（Seaboum Cruise Line）、保罗·高更邮轮（Paul Gauguin Cruises）、丽星七海邮轮（Seven Seas）等。虽然没有硬性分级标准，但总体而言，奢华邮轮之"奢华"最直观地体现在人均资源、优质服务和目的地体验等方面。

1. 人均资源

奢华邮轮的服乘比例（即邮轮上服务人员与宾客的比例）和空间比例非常高。奢华邮轮上配备有较多的服务人员，银海"银神号"邮轮服乘比为1:1.4，这意味着平均2名邮轮服务员为3名宾客服务。更加宽敞的私人空间也让宾客得以摆脱船上的拥挤体验。"水晶上宁号"邮轮的空间比例为64，银海"银影号"邮轮的空间比例更是高达74。另外，奢华邮轮体量普遍偏中型。以"保罗·高更号"邮轮为例，166间客舱全部为海景舱，其中70%的客舱拥有私人阳台。这些条件使提供更加优质的服务和个性化体验成为可能。

2. 优质服务

区别于大众型邮轮，奢华邮轮上的餐饮服务通常保持开放式（Open Seating）的状态，既不会事先为宾客规定各自的用餐时间，更不会事先指定座位。船上客用品的配置极尽奢华，狄尔伯爵（DRPER）香槟、昆庭（CHRISTOFLE）银器、宝格丽（BVLGARI）卫浴用品、米其林餐厅等为宾客带来极致感官体验。虽然这类邮轮每人每晚的费用至少为40美元，但其性价比很高。许多奢华邮轮都采取"一价全包"的做法，即所有用品、房间小费、洗衣等无须另外缴费。奢华邮轮还能够真正为宾客提供定制化的贴心服务。有些邮轮甚至会要求服务员记下客人的生活习惯，比如喝哪种咖啡、牛排要几分熟等。

3. 目的地体验

除了船上高水准的娱乐和演出，邮轮"奢华"的附加值也体现在它能够带领宾客深入各个目的地，"保罗·高更号"邮轮作为世界上唯一全年巡游在波利尼西亚海域及南太平洋海域的奢华邮轮，不仅有波利尼西亚裔服务员，还有自带的邮轮码头，宾客能够直接从邮轮下水体验独木舟、皮划艇、帆板、滑水等诸多水上运动，还可以直接驶入塔希提岛的湖泊，在邮轮公司私家白沙滩上享受一场沙滩排球比赛。

二、中国奢华邮轮旅游市场的挑战与机遇

目前，中国的奢华邮轮消费群体多为子女带父母出游的家庭游、企业游以及少量奖励旅游群体。从数量上来看，奢华邮轮上中国宾客并不多见。但是随着中国邮轮旅游业的快速发展，一些奢华品牌给予中国市场越来越多的关注。中国奢华邮轮旅游市场虽有挑战，但也面临良好的发展机遇。

1. 挑战重重

奢华邮轮自身特性和内涵决定了其较为有限的顾客群。从消费成本上来看，中国市场认知度较高的奢华邮轮目的地大多以常规的地中海、加勒比海、北欧为主。宾客需要先乘坐飞机去上船港口，再加上奢华邮轮本身较高的消费水平和较长的航期，因此宾客必然有相当的消费能力。从服务接待上来看，奢华邮轮上仍旧以欧美顾客群为主，中文服务并非标准配置，语言隔阂对于中国宾客来说也是一大障碍。当然，船员的服务态度和专业精神通常能够让语言不通的问题得以弱化。从娱乐安排上来看，文化素养和生活习惯大概是奢华邮轮顾客群精英化更为本质的体现。举例来说，银海邮轮每一次出航均有当地知名历史学者、驻地大使、各国政要、作家及地理学者等进行客座演讲，必然是小众市场。客量小的奢华邮轮很难单独支撑起大体量的业务，因此专做奢华邮轮的旅行社并不多，在业界普遍处于探索的阶段。

2. 不乏机遇

即便如此，自2008年至今，中国的奢华邮轮旅游市场还是经历了虽缓慢却较为稳定的增长。奢华邮轮品牌对中国市场投入越来越多的关注，比如，银海邮轮的绝大多数船只上都会配备少量的中国籍服务人员，每年在国内的高端旅游展会上也能看到这些高端邮轮的展台。中国宾客对邮轮的认知也进一步提升，开始关注和体验邮轮旅行，尝试不同风格的邮轮品牌，不再简单地以价格或"奢华"标签为判断和选择的标准，而是逐渐发现真正适合自己的邮轮船只。邮轮旅游业也在持续培养大众对于邮轮级别和品牌的认知和观念，进一步开拓中国奢华邮轮旅游市场。（来源：《旅讯》(Travel Weekly China) [N].）

 本章小结

本章主要讲解了邮轮品牌文化的构成、邮轮品牌细分和品牌定位，重点介绍了世界著名邮轮品牌文化，其中穿插丰富案例，能够让学生系统直观地了解邮轮品牌文化的内容。

实践实训

实训一

分为若干小组,通过查阅相关图书或网络资料,了解不同邮轮品牌的品牌文化,包括品牌标识、品牌定位、目标客户群、旗下船队等内容,将调研结果填入表2-9中。

表2-9　邮轮品牌文化调研结果

调研项目	邮轮品牌一	邮轮品牌二	邮轮品牌三	邮轮品牌四	邮轮品牌五
品牌标识					
品牌定位					
目标客户群					
旗下船队					
其他					

实训二

分组讨论调研结果,形成调研报告并以小组为单位将结果做成PPT,在课堂上与其他小组分享交流。

知识检测

1. 根据价格,邮轮品牌可以分为哪几个类别?分别具有哪些特点?
2. 邮轮旅游市场细分的标准有哪些?
3. 列举邮轮品牌定位的方法并举例说明。
4. 请列举出至少三个著名邮轮品牌的品牌定位及其目标客户群。
5. 请简要说明美国嘉年华邮轮集团旗下主要邮轮品牌的差异化定位。
6. 请简要说明皇家加勒比集团旗下主要邮轮品牌的差异化定位。

第三章　邮轮餐厅文化

► 能力目标

1. 能够正确介绍邮轮的不同类别餐厅和厨房特色文化。
2. 能够正确介绍邮轮的西餐饮食文化。

► 知识目标

1. 了解邮轮餐厅的类别及厨房特色文化。
2. 熟悉邮轮西餐类别以及菜肴文化。
3. 掌握邮轮不同餐厅的宾客礼仪。

► 素质目标

1. 通过对邮轮餐厅文化基本知识的学习，为学生未来走向邮轮工作岗位打下坚实基础。
2. 通过对邮轮餐厅宾客礼仪的学习，培养学生对不同文化背景下着装、行为规范的理解与尊重，提升对跨文化职场的应对能力，增强学生跨文化交际的职业能力。

章节导读

在邮轮上除了可以近距离与碧海蓝天接触、欣赏各种精彩纷呈的表演，更可以享受到不同国度的美食，体验别有特色的美食文化。邮轮餐厅文化是邮轮文化不可缺少的重要部分。那么，邮轮的餐厅具体有哪些分类呢？邮轮餐饮的菜单及菜品的烹饪方法又是怎样的？邮轮餐厅又有哪些宾客礼仪需要了解呢？在本章的学习中，我们将从邮轮餐厅认知、邮轮厨房认知、邮轮西餐饮食文化三大方面来介绍邮轮的餐厅文化。

第一节　邮轮餐厅认知

作为皇家加勒比部署于中国母港的首艘超量子系列游轮，"海洋光谱号"完成了包括客房升级、娱乐升级、活动升级、科技升级以及餐饮升级在内的多项全新突破。在餐饮部分，"海洋光谱号"将提供多达33种中西荟萃的缤纷餐饮选择。宾客从登

船日起即可在"海洋光谱号"上体验来自世界各地的地道美食,全程沉浸于这场海上的美食盛宴。除川谷荟外,美食体验的全面升级还包括地道精致的日式铁板烧,集创新茶吧与咖啡馆为一体的咖语茶道,还有能够同时欢享美食与亲子时光的戏水餐厅等创新升级的餐饮体验,为宾客展开了全新的海上美食地图。

(来源:"海洋光谱号"餐饮升级,皇家加勒比推出首家川菜料理[OL].搜狐网,2018-12-28.)

思考:邮轮的餐厅是怎样进行分类的?分别有哪些特征?

一、邮轮餐厅类别

宾客在邮轮餐厅中的体验是一艘邮轮及其服务的精髓所在。一艘邮轮上会有数个不同类型的餐厅,除了主餐厅,还有自助餐厅、各种特色(主题)餐厅等。邮轮上的餐厅要服务数千宾客的一日三餐及各种宴会,用餐期间工作量会比较大。

(一)主餐厅

邮轮中的主餐厅是指邮轮上能够容纳较多宾客的规模较大的餐厅,是为宾客提供固定餐位的一种宴会餐厅,可为宾客提供点餐服务,每餐为宾客提供一定的菜式,以西餐为主,并按照西餐方式服务,餐费及服务费包括在船票中。邮轮上一般会有1~2个主餐厅,大型豪华邮轮上会有4~5个主餐厅。通常情况下会开放一日三餐,有的主餐厅只在晚餐时段开放。如图3-1所示。

主餐厅可为全邮轮半数宾客提供就餐服务,所以邮轮采取分批用餐制,能够保证所有宾客分两个批次用餐。宾客需按自己船卡上标注的用餐时间前往用餐。

图3-1 "海洋光谱号"主餐厅

(二)自助餐厅

自助餐厅几乎24小时开放,早、中、晚餐都供应,提供各种各样的食品和饮料,品种繁多,在大多数邮轮上,宾客可以全天候享受美食。进入自助餐厅是没有着装要求的,但一定要按自己的食量取食,海上储存食物不易,切忌浪费。如图3-2所示。

自助餐厅一般在餐厅中间或一侧设置大餐台,其余空间摆放餐桌椅。自助餐厅的重要功能是休闲。其一,供在室外甲板活动的宾客随时取食,宾客可以取餐后在室外甲板一边就餐,一边晒着太阳,或观看室外电影,或与友人闲谈;其二,可以坐在自助餐厅的落地窗边一边就餐,一边欣赏着窗外滚滚而去的海水,或与他人交流互动。

图3-2 "海洋量子号"帆船自助餐厅

(三)特色餐厅

在大多数邮轮上有一些特色餐厅,在大型主餐厅之外为宾客提供多种餐饮。邮轮的特色餐厅一般为船上的主题餐厅,以某个国家或地区的特色菜点为主。

特色餐厅主要通过提供独特的菜品来满足宾客的需求,如意式餐厅、日式餐厅、烧烤餐厅、牛排餐厅等。邮轮上的特色餐厅种类繁多、形式多样,散布在甲板层各处,能满足多样化的就餐需求。这些特色餐厅通常较小,提供单点菜单,宾客需要提前预约。

二、邮轮餐厅岗位职责与工作内容

邮轮业务包括航行业务和酒店业务,而邮轮餐饮部(F&B Department)就是邮轮酒店业务的一部分,主要负责邮轮宾客的餐饮服务工作。邮轮餐饮部下设餐厅、酒吧和厨房三个部门,总负责人是餐饮总监(F&B Director)。而餐厅作为主要面客场所,在邮轮中占据重要地位,这里主要介绍餐厅经理(Restaurant Operations Manager)、餐厅服务员主管(Head Waiter)及餐厅服务员(Waiter)的岗位职责及主要工作内容。

(一)餐厅经理

1. 职责概述

具体负责餐厅的日常运转和管理工作,保证以舒适的就餐环境、良好的服务来吸引客源,通过向宾客提供有程序、高标准的服务来获取最佳效益。

2. 主要工作内容

（1）在邮轮餐饮总监的领导下，负责餐厅的日常经营管理工作。

（2）制定餐厅年度、月度经营管理计划，领导餐厅员工积极完成各项接待任务和经营指标，努力提高餐厅销售收入；分析和报告餐厅年度、月度经营管理情况。

（3）参加餐饮总监主持的工作例会，提出合理化建议。全面掌握餐厅预订和重要接待活动情况，主持召开餐厅有关会议。

（4）巡视餐厅的营业和服务情况，检查领班的工作和餐厅的服务质量，做好餐厅设施设备的保养和卫生、安全工作。

（5）与厨房保持密切联系和合作，提出食品销售建议，及时将宾客需求反馈给厨师长，为食品原料的采购和厨房出菜提供依据。

（二）餐厅服务员主管

1. 职责概述

在餐厅经理领导下，贯彻邮轮公司经营方针和各项规章制度，负责所在班组的日常管理和接待工作。

2. 主要工作内容

（1）根据所在餐厅的年度、月度工作计划，带领员工积极完成各项接待任务和经营指标，努力提高餐厅的销售收入，汇报每日经营接待情况。

（2）参加部门例会，提出合理化建议，了解每日接待、预订情况并召开班前例会。

（3）组织带领员工完成每日接待工作，及时检查物品及设施的节能状况、清洁卫生、服务质量，使之达到要求，并保证高效、安全、可靠。

（4）全面掌握本区域内宾客用餐状况，及时征询宾客意见，解决出现的宾客投诉。

（5）合理安排餐厅员工的排班，保证各环节的衔接，使接待工作顺利完成。

（三）餐厅服务员

1. 职责概述

一日三餐的主餐厅服务——与助理服务生合作，完成餐台区域每晚两轮宾客的完整正餐服务；台区内宾客三餐的主导；向宾客提供菜单、酒水、点菜、上菜、加调料等服务；确保宾客满意；清理桌台，摆放桌布餐具等。

2. 主要工作内容

（1）负责摆台、迎接宾客、送别宾客，为宾客领位、安排座位、递送菜单、酒水单。

（2）为宾客推荐菜肴（开胃菜、主菜、甜品等）和酒水（佐餐酒、餐后酒等），解答宾客的疑问。

（3）随时关注宾客的需求，主动为宾客提供规范化服务，解决宾客的困难。

（4）负责本区域卫生清洁及消毒工作。

（5）指导助理服务生，不断提升其工作能力。

三、邮轮餐厅设计文化

对于邮轮上的餐厅来说,基本的设计准则是保证餐厅的宽敞、明亮和整洁。让宾客进入餐厅可以心情愉悦地用餐,享受到大型邮轮的高档服务。以下主要从主餐厅、自助餐厅和特色餐厅分别阐述餐厅的设计文化。

(一)主餐厅设计文化

作为整个邮轮上几乎每个宾客都要来光顾的地方,主餐厅必须考虑到大部分宾客的审美感受。主餐厅的使用人群多样,多样化的内装环境是主餐厅室内设计的重点。不同的宾客群体对主餐厅就餐环境的需求有所不同,在主餐厅的室内设计中应利用装饰营造丰富的空间层级,特别是不同私密等级的用餐空间,以满足不同就餐人群的需求。

例如"蓝宝石公主号"的主餐厅(图3-3),室内装修为简欧式风格,整体色调以比较沉稳的深色调为主。深木色的家具和木镶板墙面、深红色的地毯和褐色的大理石贴面,配合暖色的灯光,形成了优雅而安静的就餐氛围。天花板使用了大波浪曲线作为装饰,局部加入闪亮的灯光源,形成了类似银河星空的主题效果。

图3-3 "蓝宝石公主号"主餐厅

(二)自助餐厅设计文化

与主餐厅相比,自助餐厅强调更加自由、随意的就餐环境。在风格的选择上也与主餐厅大相径庭,相比主餐厅的复古豪华风格,自助餐厅采用的是一种带有地方特色的简约主义风格。

例如皇家加勒比"海洋水手号"帆船自助餐厅(图3-4),整体风格中保持了与大自然的亲密接触,大片的落地玻璃是这种风格的典型体现,在为内部带来宽阔的视野,将室外景观纳入室内的同时,还为室内带来丰富的自然光线。在内部自然光线强度不够的区域,能够利用人工光源达到自然光线的效果,通过滤色或加色可以创造一种有趣的光线效果。

图3-4 "海洋水手号"帆船自助餐厅

(三)特色餐厅设计文化

特色餐厅通过装饰装修设计来表现餐厅的特点和个性。邮轮上亦是如此,在设计与布局时,既要考虑全局与部分间的和谐、均匀和对称,又要使设计表现出浓郁的风格情调,让就餐的宾客在视觉上都能强烈地感受到形式美与艺术美,得到一种美的享受。

例如"蓝宝石公主号"的史德森牛排馆特色餐厅(图3-5),该餐厅为付费餐厅,食品以烧烤牛排为特色,位于第十四层甲板。史德森牛排馆具有浓郁西式风格,餐厅内四面贴红棕色木质壁板,同时悬挂各式油画,顶棚装灯带及射灯,创造出安静、私密的就餐环境。

图3-5 "蓝宝石公主号"史德森牛排馆

餐饮是邮轮度假体验中最重要的元素之一,宾客对一艘邮轮的评价,很大程度上取决于在邮轮上的"吃"。除了不同餐厅的设计文化之外，食物质量也是影响因素之一。这便涉及邮轮的厨房文化，下一节将主要介绍邮轮厨房的特色文化。

知识拓展

邮轮餐饮流程解析

一般邮轮上的主餐厅，提供给每位宾客正餐，分为前菜、主菜、甜点三道，前菜、主菜都有4～8种选择，甜点有3～5种选择，餐前有黄油面包，餐后有咖啡。

上菜必须控制精准的节奏，举例而言，如果宾客从17:00开始入座点餐，17:20时所有人的前菜必须同时供上，17:50服务员收下前菜用的盘子，同时给所有宾客送上主菜。这时，第一批脏盘子就要迅速运到洗碗间清洗干净，并消毒和烘干，供第二批19:00用餐的宾客使用。18:30宾客用完主菜后，服务员收拾盘子、清理桌面，甜品、水果上来的同时，咖啡和茶已经在准备中，供宾客饭后享用。

为了礼貌而不着痕迹地让第一批宾客离开，剧院每晚都安排大型歌舞演出，通常在19:00左右开始，想要看演出的宾客，自然会在这个时间之前离开餐厅。当第一批用餐宾客离开餐桌后，服务员要迅速清理桌子，铺上干净的桌布，迎接下一个批次宾客的到来。

（来源：邮轮上最重要的工作之餐饮服务（一）[OL]．海岸邮轮网，2020-03-03．）

第二节　邮轮厨房认知

邮轮厨房的分工、流程与中餐厅有很大的差别。中餐厅有掌勺师傅，负责灶头的工作，煎炒，烹炸各种材料，另有砧板师傅，做各种食材的切配和配料，水锅负责炖煮，白案制作各种点心，而邮轮分工细致就像一个大工厂的流水线。

邮轮的后厨犹如一台精准的大机器，从食材到人员的每一个齿轮都必须严谨地运行。后台是处于高压之下的高效严谨和专业的操作，但呈现到前台的游客面前，却是轻松愉快的用餐体验，后厨是节奏高亢的进行曲，到了餐厅就是舒缓优雅的爵士乐，两者之间的转换和把握是邮轮餐饮的成功关键。

（来源：邮轮上最重要的工作之餐饮服务（二）[OL]．腾讯网，2020-03-04．）

思考：邮轮厨房在邮轮中占据什么地位？分工流程是怎样的？

一、邮轮厨房类别

邮轮的魅力除了硬件设施和服务外，其实更打动人心的是美食。一条船上，员工加上宾客，每天需要近万份食物，这个惊人数字的背后，正是厨房的辛勤劳作。而厨房是从事菜点制作的生产场所，这里主要指的是以生产经营或为企业配套为目的，为服务顾客而进行菜点制作的生产场所。邮轮厨房按照生产功能的不同，可分为以下几种。

（一）热菜区（Hot line）

在邮轮中，肉类在冷库附近切好后才会拿到厨房，所以热菜区主要分为两个功能区，即切配加工间、炉灶间。

1. 切配加工间

它以食品原材料的细加工和配菜为主，与炉灶间紧密相连，没有隔断。因此，这里的设备配置是根据食品原料的细加工和配菜需要来安排的，主要有四类：一是案板和刀具，用于菜点的切配加工；二是橱柜和冰箱，用于加工好的食品原料和剩余原料与食品的存放、短时间冷藏；三是配菜设备与用具，如天平秤、原料、菜点的盛器等，主要供配菜师和炉灶间使用；四是水池，主要用于洗涤原料，如肉类、鱼类等。

2. 炉灶间

它以炒菜炉灶为主，炉灶的多少根据所对应的餐厅座位按比例设置。为炉灶间配备的炉灶设备除炒菜炉灶外，一般还有蒸锅、烤炉、炸灶、铁扒炉等炉灶。

（二）冷菜区（Pantry）

由于在邮轮中，蔬菜水果的清洗区都不在厨房里，而是在靠近冷库的专门的清洗区，清洗后才会运到厨房的相应区域，所以冷菜区主要就是冷菜原料加工间。

它主要用于冷菜食品上灶前的加工和烹制完成后的刀工处理。这是冷菜厨房的中心，设备配置主要有五类：一是案板和刀具；二是冰箱与橱柜；三是盛具与用具；四是量器，如天平、量杯、量具等；五是消毒设备，以红外线或紫外线消毒为主。室内要明亮，温度不超过15℃。加工过程还要做到生、熟分开，荤、素分开。

（三）面点区（Bakery）

西餐面点厨房又称西点房，以制作各种面包和糕点为主；中餐面点厨房称面点房，以生产中式面点食品为主。

1. 面点加工区

设备配置主要有三类：一是机器设备，如和面机、包饺子机等；二是案板和厨具，主要用于人工和面、面点造型、馅类制作等；三是存放设备，如橱柜、冰箱、盛器等。

2. 炉灶烹制区

中餐面点炉灶以蒸锅、煮锅、煎锅等炉灶为主；西餐面点炉灶以烤箱、烤炉、微波炉等设备为主。

二、邮轮厨房岗位设置和主要职责

邮轮餐厨系统的运作离不开工作人员，按职位从低到高，厨师部门的岗位分为面点师（Pastry Chef）、助理厨师（Commis）、厨师领班（Demi Chef de Partie）、厨师长（Chef de Partie）、副主厨（Sous Chef）、行政副厨（Executive Sous Chef）、行政总厨（Executive Chef）等。

（一）行政总厨主要职责

（1）制定邮轮各项规章制度，健全完善内部管理。

（2）制定年度、月度的营业计划，领导邮轮厨房全体员工完成各项工作任务和经营指标。

（3）分析年度、月度经营状况，严抓成本，推广食品销售，根据季节性市场变化制定促销计划，编制菜单。

（4）负责菜品质量管理，加强物料管理，降低费用，增加赢利。

（5）贯彻执行餐饮各项卫生制度，加强消防培训，提高员工个人卫生水平和消防安全意识，确保厨房各部分的安全。

（二）行政副厨主要职责

（1）协助行政总厨管理和监督整个邮轮所有餐厅、咖啡厅、酒吧、宴会、送餐部等各个就餐区域的餐食供应。

（2）负责监管后厨食物储备与库存、分配与定量，决定菜式与菜单。

（3）验收食品原料，把好质量关。

（4）合理调配员工。

（三）厨师长主要职责

（1）做好开餐前的准备工作。

（2）指挥厨房运转。

（3）安排厨房人员的工作班次，并负责考勤。

（4）保证食品质量，控制成本消耗。

（5）组织技术交流和业务竞赛。

（四）厨师领班主要职责

（1）负责日常的餐点制作。

（2）督导、协助团队里的厨师，协同作业，共同确保后厨的顺畅运作，保证各项流程符合规章制度。

（3）负责后厨特定区域，或者按面点、甜点、冷餐、热餐等种类划分。

（4）负责特定餐点的制作。

（五）面点师主要职责

（1）制作宴会、团队、特殊活动所需的各种点心。

（2）经常更新花色品种，提高竞争力。

（3）把好点心质量关。

（4）负责各种生熟馅料的拌制。

（5）熟悉成本核算，掌握点心售价，控制成品的成本。

三、邮轮厨房特色文化

（一）邮轮厨房布局文化

传统船舶的餐厨系统基本上形成了一套固定搭配，从硬件上能够满足船员的用餐需求即可，最终形成一种几乎"千船一面"的布置组合。而邮轮的宾客公共区域作为消费型产品的载体，在本身体量庞大、结构复杂的基础上会做出各类个性化的设计，这样势必影响内部空间的规整性，由此，餐厨系统设计趋向个性化和特性化。

邮轮厨房布局与陆上的大型厨房系统在设计目的上是相同的，即为宾客提供良好的用餐体验。但邮轮上空间约束条件多，可用空间面积小，卫生标准高，宾客体验要求高，存在一定的差异性。

一般而言，邮轮因为单层甲板难以提供足够大的面积，各个功能区块会更加独立，整个空间分布也会更加立体；各个区块之间会根据逻辑关系进行合理的融合，节省空间的同时提高工作效率，如冷库与初加工区融合，食品加工（冷灶）与烹饪（热灶）融合，小型备餐间与厨房或餐厅融合等。通过布置设计，将物品传输的路径缩到最短，如尽可能缩短甚至取消传菜通道，使厨房或备餐间直面餐厅。

同时，通过合理设置各类功能区的空间位置关系，最大限度地利用有限的通道资源实现保证食品卫生安全的目的。具体邮轮餐厨系统见图3-6。

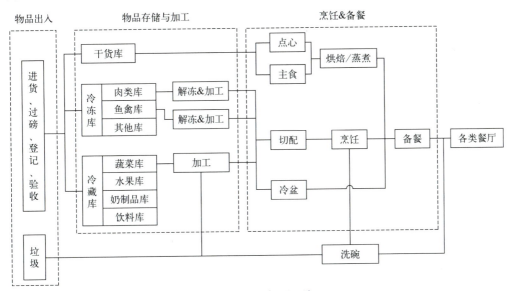

图3-6 邮轮餐厨系统

（二）邮轮厨房卫生安全文化

近年来，随着大型豪华邮轮产业的不断发展，邮轮所导致的污染问题和安全问题也逐渐成为热点。豪华邮轮在每次航行中都会产生大量的生活垃圾，其中50%以上都是餐厨垃圾。若不对这些垃圾进行合理的处置，将会对海洋的生态环境和船员健康造成巨大影响，所以邮轮厨房的卫生与安全文化也至关重要。

1. 不使用明火设备

邮轮的厨房与陆地酒店厨房有所不同，邮轮上的厨房采用西式设计，不允许使用明火设备，只有电加热厨具。

2. 注意厨房卫生

邮轮的食物在选择、生产、销售过程中，要始终处于卫生状态。为了保证食品安全，食品原料必须不受污染且没有致病菌；食品需在卫生许可条件下储藏；厨房环境与设施设备要清洁；厨房工作人员要身体健康，没有传染病。保持厨房工作区域的环境卫生，保证工作程序的规范化、科学化。

3. 倡导海洋环保

邮轮公司都必须遵循《国际防止船舶造成污染公约》（MARPOL），保护海洋环境，防止环境污染。不同于陆地上的垃圾站，邮轮上的垃圾回收站毫无异味，并且分类合理。餐厨垃圾由服务人员分类处理，船员将垃圾分类好之后，送往回收站，在指定港口卸除。为了倡导保护海洋，鼓励船员回收餐厨垃圾。邮轮公司会将所有因垃圾回收而产生的收益用于船员日常聚会。

邮轮厨房的文化与陆上酒店有所差别，无论布局、卫生安全还是采购食材都有严格的要求。与此同时，邮轮上的宾客来自不同国家，饮食文化皆有不同，餐厅的饮食需要满足各种特殊的需求，下一节将进一步探索邮轮西餐饮食文化。

知识拓展

揭秘世界最大邮轮幕后的餐饮系统

M3-1　揭秘世界最大邮轮幕后的餐饮系统

第三节　邮轮西餐饮食文化

案例导入

陆地旅游由于价格成本限制，通常旅行团只提供标准团餐，而邮轮旅游则有所不同，餐费几乎全部包含在船票里。邮轮上设有多个餐厅、多套菜系供游客选择，专业厨师每天都会烹饪出别具风格的各式美味。邮轮上的生活，几乎完全被"吃"串联起来：除早中晚三餐外，还配有下午茶、夜宵及五餐之间的比萨、三明治、中式汤面；茶、咖啡、水果、茶点等不间断为游客提供；在宾客尽情享受美食所带来的幸福之时，厨艺表演、鸡尾酒会、甲板餐会等美食文化活动，也会为宾客的邮轮之旅带来独特的精神享受。

（来源："邮"美食——舌尖上的邮轮美食享受［N］.青岛日报，2017-5-17.）

思考：西餐是怎么分类的？在邮轮餐厅内应该注意哪些宾客礼仪呢？

一、邮轮西餐类别

邮轮漂洋过海，带来了别具特色的西方文化。有的人选择邮轮可能想体验原汁原味的西式生活，而西餐作为西方文化的重要组成部分，千百年来形成了不少有趣的"规矩"与"套路"。通常所说的西餐不仅包括西欧国家的饮食菜肴，同时还包括东欧、美洲、大洋洲、中亚、南亚以及非洲等地的饮食。西餐一般以刀叉为餐具，以面包为主食，多以长形桌台为餐桌。

其实西餐有很多不一样的风格，就像日本的菜品叫作日本料理，而韩国的叫作韩国料理，中国的叫中国菜，西餐会划分美式、意式、英式、法式及地中海式等不同的风格。以下主要介绍邮轮西餐中比较有代表性的一些风格菜式。

（一）法式菜肴

法国人一向以善于吃并精于吃而闻名，法式大餐至今仍名列世界西餐之首。法式菜肴的特点是：选料广泛（如蜗牛、鹅肝都是法式菜肴中的美味），加工精细，烹调考究，滋味有浓有淡，花色品种多。法式菜肴还比较讲究吃半熟食或生食，如牛排、羊腿，以半熟鲜嫩为特点，蚝也可生吃。法式菜肴重视调味，调味品种类多样。此外，法国人还十分喜爱吃奶酪、水果和各种新鲜蔬菜。

法式菜肴的名菜有马赛鱼羹、鹅肝排（图3-7）、巴黎龙虾、红酒山鸡、沙福罗鸡、鸡肝牛排等。

图3-7　鹅肝排

图3-8　鸡丁沙拉

（二）英式菜肴

英式的饮食烹饪有家庭美肴之称。英式菜肴的特点是油少、清淡，调味时较少用酒，调味品大都放在餐台上由宾客自己选用。烹调讲究鲜嫩，食材多为海鲜及各式蔬菜，菜量要求少而精。英式菜肴的烹调方法多以蒸、煮、烧、熏见长。

英式菜肴的名菜有鸡丁沙拉（图3-8）、烤大虾苏夫力、薯烩羊肉、烤羊马鞍、冬至布丁、明治排等。

（三）意式菜肴

就西餐烹饪来讲，意大利可谓是始祖，可以与法餐、英餐相媲美。意式菜肴的特点是原汁原味，以味浓著称，烹调注重炸、熏等，以炒、煎、炸、烩等方法见长。意大利人喜爱面食，做法吃法甚多。其面条制作有独到之处，各种形状、颜色、味道的面条有几十种，如字母面、贝壳形、实心面条、通心面条等。意大利人还喜食意式馄饨、意式饺子等。

意式菜肴的名菜有通心粉素菜汤、馄饨、奶酪、通心粉（图3-9）、比萨等。

（四）美式菜肴

美国菜是在英国菜的基础上发展起来的，继承了英式菜简单、清淡的特点，口味咸中带甜。美国人一般对辣味不感兴趣，喜欢铁扒类的菜肴，常用水果作为配料与菜肴一起烹制，如菠萝火腿、菜果烤鸭等。美国人对饮食口味要求并不高，注重营养、快捷。

美式菜肴的名菜有烤火鸡（图3-10）、橘子烧野鸭、美式牛扒、苹果沙拉、糖酱煎饼等。

图3-9　通心粉

图3-10　烤火鸡

（五）俄式菜肴

经过多年的演变，俄式菜肴逐渐形成自己的烹调特色。俄国人喜食热食，爱吃鱼肉、肉末、鸡蛋和蔬菜制成的小包子和肉饼等，各式小吃颇负盛名。口味以酸、甜、辣、咸为主，酸黄瓜、酸白菜往往是饭店或家庭餐桌上的必备食品。烹调方法以烤、熏、腌为特色。俄式菜肴在西餐中影响较大，一些地处寒带的北欧国家和中欧南斯拉夫民族的饮食习惯与俄罗斯人相似，大多喜欢腌制的各种鱼肉、熏肉、香肠、火腿以及酸菜、酸黄瓜等。

俄式菜肴的名菜有什锦冷盘（图3-11）、鱼子酱、酸黄瓜汤、冷苹果汤、鱼肉包子、黄油鸡卷等。

（六）德式菜肴

德国以其拥有世界上种类最繁多的香肠而闻名，每餐必有啤酒或白葡萄酒。德式菜肴的特点是甜食、酸食和奶制品较多，生菜品种多样。德国人对饮食并不讲究，喜吃水果、奶酪、香肠、酸椰菜、土豆沙拉等，不求奢侈，只求实惠营养，发明了自助快餐。德国人喜喝啤酒，每年的慕尼黑啤酒节大约要消耗掉100万升啤酒。

德式菜肴的名菜有柯尼斯堡肉丸子、海员杂烩（图3-12）、德国香肠、黑啤烩牛肉等。

图3-11　什锦冷盘

图3-12　海员杂烩

二、邮轮西餐菜肴文化

食物精美、做工讲究是西餐最大的特点，对邮轮西餐来说，一次正式的用餐，通常会上六或七道菜。西餐的菜肴并不是一起被端上桌，而是按顺序依次上桌。几乎每一道菜式最初都起源于各国的平民百姓之家，其后经过后人的不断改良和创新，最终才形成了如今成型的西餐菜肴。

一般情况下，西餐菜肴的菜名都遵循着一定的套路，例如：以配料、地名、人名、烹饪手法命名，具有十分深厚的历史文化背景。以下主要从邮轮西餐菜式，邮轮西餐餐前酒、佐餐酒及餐后酒的选择，邮轮菜肴烹饪方法等方面来介绍西餐菜肴文化。

（一）邮轮西餐菜式

1. 头盘（Appetizers）

邮轮西餐的第一道菜是头盘，也称为开胃品。开胃品一般有冷头盘和热头盘之分，常见的有鱼子酱、鹅肝酱、熏鲑鱼、鸡尾杯、奶油鸡酥盒、焗蜗牛等。因为是要开胃，所以开胃菜一般都有特色风味，味道以咸和酸为主，而且数量较少，质量较高。

鱼子酱（Caviar）又名鱼籽酱，严格来说只有鲟鱼卵才可制成鱼子酱，而且世界范围内共有超过20种鲟鱼，并非所有鲟鱼卵都可制成鱼子酱，一般用大白鲟（Beluga）、奥西特拉鲟（Oscietra）及闪光鲟（Sevruga）这三种鲟鱼的鱼卵制成鱼子酱。鱼子酱将置于冰面上呈现给宾客，而搭配鱼子酱的则是最传统的辅料：水瓜榴、蛋黄、蛋白、酸奶油等。

鹅肝是法国的传统名菜，法语为 Foie Gras。如今法国生产的鹅肝中，鸭肝占了大多数。用鸭肝制成的法国鹅肝味道浓郁，而用鹅肝制成的则肉质细腻。这种食物有"世界绿色食品之王"的美誉，可降低胆固醇、降低血脂、软化血管、延缓衰老。

2. 汤（Soups）

和中餐不同的是，邮轮西餐的第二道菜就是汤。西餐的汤大致可分为清汤、奶油汤、蔬菜汤和冷汤等4类。品种有牛尾清汤、各式奶油汤、海鲜汤、美式蛤蜊汤、意式蔬菜汤、俄式罗宋汤、法式葱头汤。冷汤的品种较少，有德式冷汤、俄式冷汤等。

罗宋汤（图3-13）是俄罗斯国内知名的菜肴之一。罗宋汤不仅在以俄罗斯为代表的东欧国家十分流行，在美国等西方国家中也较为常见。罗宋汤的主要配料有圆白菜、甜菜（Beet）、土豆等多种蔬菜以及牛肉，汤中也会加入少量的酸奶油，以此来使口感香滑爽口、肥而不腻。上海人将这道汤品称为罗宋，罗宋汤这一名称也逐渐流传开来。

图3-13　罗宋汤

图3-14　烤火鸡

3. 主菜（Main Course）

肉禽类菜肴是邮轮西餐的第四道菜，作为西餐的"主旋律"，也被称为主菜。肉类菜肴的原料取自牛、羊、猪等各个部位的肉，其中最有代表性的是牛肉或牛排。在主菜中，牛排在西餐烹饪中有很重要的地位，其特点主要有以下几个方面：

一是牛排的生熟程度一般分几个阶段，不同的阶段有不同的口味。一般而言按生熟程度分成：生牛排（Bleu）、一分熟（rare）、三分熟（medium rare）、五分熟（medium）、七分熟（medium well）、全熟（well done）。二是牛不同身体部位上的牛肉的称呼不同，烹饪方法也不同。牛排按其部位又可分为沙朗牛排（也称西冷牛排）、菲力牛排、"T"骨形牛排、薄牛排等。主要的调味汁有黄肉汁、咖喱汁、奶油汁等。

菲力牛排又名里脊肉，菲力牛排是里脊肉较小一端的瘦肉无骨牛排。菲力牛排来自逐渐变细的里脊肉较厚的一端。这些牛排都非常嫩，而且因为它们没有太多的脂肪，所以味道温和。

烤火鸡（图3-14）与西方最为重要的节日感恩节之间存在着密切联系。人们使用具有当地特色的火鸡制作成菜肴烤火鸡（Roast turkey），此外还有玉米面包（Corn bread）以及南瓜馅饼（Pumpkin pie）等。

4. 沙拉（Salads）

沙拉就是蔬菜类菜肴，一般可以安排在肉类菜肴之后，也可以和肉类菜肴同时上桌，所以可以算为一道菜，或称为一种配菜。沙拉一般用生菜、西红柿、黄瓜、芦笋等制作。沙拉的主要调味汁有油醋汁、法国汁、千岛汁、奶酪沙拉汁等。

例如凯撒沙拉（图3-15），这种经典的绿色沙拉很容易在厨房里用少量的原料制作，如罗马生菜和面包丁。

5. 甜品（Dessert）

西餐的甜品是在主菜后提供，可以算是第五道菜。从真正意义上讲，它包括所有主菜后的食物，如布丁、煎饼、冰激凌、奶酪、水果等。

例如提拉米苏（图3-16），英文是Tiramisu，是一种带咖啡味的意大利甜点。以马斯卡彭芝士作为主要材料，再以手指饼干取代传统甜点的海绵蛋糕，加入咖啡、可可粉等其他材料。吃到嘴里香、滑、甜，柔和中带有质感的变化，味道并不是一味的甜。

图3-15　凯撒沙拉

图3-16　提拉米苏

（二）邮轮餐前酒、佐餐酒及餐后酒的选择

在大多数西方国家，一场正式的晚宴绝不仅仅只搭配一瓶酒那么简单，餐前酒和餐后酒在邮轮餐厅文化中同样十分重要。那么在一次邮轮旅行中，如何挑选合适的餐前酒、餐后酒？如何为丰盛的邮轮晚宴搭配合适的佐餐酒呢？接下来介绍邮轮中餐前酒、佐餐酒及餐后酒的选择。

1. 餐前酒的选择

餐前酒指在进餐之前饮用的酒精饮料，也叫开胃酒。顾名思义，餐前酒的作用即使宾客产生食欲，与开胃菜的作用相近。

餐前酒的选择是很讲究的，正如红烧肉之类的"硬菜"不宜当作开胃菜一样，餐前酒普遍酒体轻盈，不给味蕾带来过多负担。此外，糖分易使人产生饱腹感，因此餐前酒的含糖量也不宜过高，一般选择高酸度的干白葡萄酒、起泡酒或香槟。

最常见的餐前酒是加强型葡萄酒，例如马德拉葡萄酒、雪莉酒和白波特酒，部分利口酒也可充当餐前酒。在美国，常用白葡萄酒和香槟当作餐前酒来饮用；在法国，常用帕蒂斯茴香酒、阿尔萨斯起泡葡萄酒；在意大利，常用金巴利、味美思（Vermouth）和阿玛罗苦味酒；在希腊，最典型的餐前酒是茴香烈酒。干型的味美思、金酒（Gin）、干型马天尼（Martini）鸡尾酒也是餐前酒的类型。

2. 佐餐酒的选择

佐餐酒即在进食过程中用于搭配菜肴的酒精饮料，不少西方人在吃饭时都有饮用佐餐酒的习惯。佐餐酒一般为葡萄酒，并且会根据菜肴特点进行选择和搭配。若搭配得不合适，酒和菜则没了滋味。葡萄酒和美食搭配得当，可以提升菜肴的香气、口感，也会给人带来愉悦的享受。

最常见的搭配原则即"红酒配红肉，白酒配白肉"。干红葡萄酒中的单宁能够缓解牛、羊、猪肉的油腻感，干白葡萄酒的高酸也能缓解海鲜的腥味。不过，佐餐酒搭配时也无需太过死板，打破传统的创新搭配或许能带来意外的惊喜。

3. 餐后酒的选择

餐后酒在餐后饮用，既可搭配饭后甜点，也有帮助消化的作用。

餐后酒的选择范围很广，可以是酒精度高的，比如白兰地、威士忌；也可以是甜型的，比如冰酒、贵腐酒。饭后与亲人、朋友、爱人谈谈心、品品酒，会让氛围变得更温暖、自在。

（三）邮轮菜肴烹饪方法

西餐的烹饪方法很多，使用不同的烹饪方法，菜肴的色泽、质地、风味和特色就不同。邮轮菜肴烹饪与陆地不同，因为不允许使用明火，所以邮轮美食的烹饪，远远比地面美食来得困难。邮轮要确保不间断地供应食物，确保不同菜品满足客户不同的需求，更是难上加难。以下介绍邮轮常见的七种菜肴烹饪方法。

1. 煮

指将原料放入能充分浸没原料的清水或清汤中烧沸，后改用中小电力煮熟原料的一种方法。成品菜肴具有清淡爽口的特点，同时也充分保留了原料本身的鲜美味道，对营养成分破坏比较少。煮的代表菜品有水煮比目鱼配白酒汁、煮芦笋配荷兰酱汁、煮鸡蛋、煮牛肉蔬菜、柏林式猪肉酸白菜等。

2. 炒

指将加工成丝、丁、片等的原料投入油量少的油锅中急速翻炒，使原料在较短时间变熟的一种烹调方法。在炒制过程中一般不加汤汁，所以菜肴具有脆嫩鲜香的特点。炒的代表菜品有黄油炒西蓝花、海鲜炒意大利面、黑胡椒炒牛柳、俄式牛肉丝、炒猪肉丝、蘑菇沙司等。

3. 煎

邮轮西餐中使用较为广泛的烹调方法之一，它是指原料加工成型后加调料使之入味，在平底锅或扒板上加入少量油，油温较高，原料受热变熟的一种烹调方法。煎可以分为清煎、软煎等。煎牛排是西餐常见的菜式之一，其中七分熟牛排适合初食者。煎的代表菜品有煎小牛柳配黑胡椒汁、德式煎土豆饼、葡式煎鱼、煎小牛肉、意式煎酿猪排等。

4. 炸

指将原料加工成型后调味，在将原料挂糊后投入油量多、油温高的油锅中加热变熟的一种烹调方法。炸可分为清炸、面包糠炸、面糊炸等。锅内下油的数量要能浸没原料，并使原料能浮在油面上。炸的代表菜品有英式炸鱼柳、维也纳炸牛排、法式炸薯条等。

5. 焖

指将原料初加工后加入焖锅，加入少量沸水或浓汤（一般浸没原料的1/2或2/3）用小电力长时间加热使原料变熟的烹调方法。焖制的菜肴所剩汤汁较少，所以酥软香嫩，滋味醇厚。焖的代表菜品有意大利红酒焖猪排、俄罗斯罐焖牛肉等。

6. 烩

指将原料初加工（过油或腌制）后加入浓汤汁和调料，先用大电力后用小电力使原料变熟的烹调方法。烩制菜肴用料广泛（肉、禽、海鲜、蔬菜等），具有口味浓郁、色泽鲜亮的特点。烩的代表菜品有奶油烩鸡肉、爱尔兰烩羊肉、意大利烩牛肉、印度咖喱牛肉等。

7. 烤

指将原料初加工成型后，加调味料腌制使之入味后，放入烤炉或烤箱加热至变熟的一种烹调方法。烤制菜肴丧失水分较多，对营养有较大的破坏，但火力均匀，菜肴有一定的特殊风味。烤的代表菜品有烤火鸡、烤牛外脊、比萨等。

三、邮轮餐厅礼仪文化

作为一种新兴旅游产品，虽然邮轮文化基本属于西方文化范畴，但遵守秩序、轻声交谈、用语礼貌、衣着规范等礼仪并不是哪一国家的习惯，而是国际社会公认的社交修养，也是宾客文明素质的具体体现。

比如公主邮轮要求正式场合穿着正式的套装或商务休闲装。正式场合着装是指男士穿燕尾服、马甲或深色套装，女士穿着晚礼服长裙、鸡尾酒会礼服或者西服套装。商务休闲装就显得轻松一些，比如男士穿长裤、衬衫，不用打领带或者领结，女士穿短裙、长裙、休闲上衣。邮轮中不同餐厅的宾客礼仪文化也有所差异。接下来以邮轮一般餐厅、自助餐厅及船长晚宴为例，重点介绍邮轮餐厅宾客礼仪文化。

（一）一般餐厅礼仪文化

1. 就餐座位

邮轮餐厅座次安排，通常会以"混合编组"方式，将熟悉与不熟悉的宾客凑成同桌，以增加宾客结交各国新朋友的机会。当遇到态度粗鲁或不投缘的宾客同桌时，宾客则可以要求换桌。

如果与异性同去餐厅，男士应请女士坐在自己的右边，还要注意不可让她坐在人来人往的过道边。若只有一个靠墙的位置，应请女士就座，男士坐在她的对面。如果两位同性进餐，那么靠墙的位置应让给其中的年长者。每个人入座或离座，均应从座椅的左侧进出。

女士入座后，通常会直接把手提包放在脚边的地板上。若邻座没有人，也可以放置在椅子上，或挂在皮包架上。除了小手包，如果把手提包放在桌上，是很失礼的行为。

2. 拍照

船上有摄影师，在宾客欢迎晚宴时，他们会帮宾客拍照、冲洗，并将照片陈列在照相馆内，供宾客自由选购，买与不买均不勉强。因此，宾客应大方接受拍照，也是一种基本礼貌。

3. 交际

在聚会或餐桌上有事需要中途离开，比如在和西方宾客聊天时，突然需要接个电话，这时要说"Excuse me"，表示"失陪一下"。

4. 用餐

吃东西要文雅，闭着嘴嚼，喝汤时不要吸，吃东西不要发出声音。如汤菜太热，可稍待凉后再吃，切勿用嘴吹。嘴内的鱼刺、骨头不要直接往外吐，要用餐巾掩嘴，用手取出，或轻吐在叉上，放在菜盘内。如遇本人不能吃或不爱吃的菜肴，当服务员上菜时，不要打手势，不要拒绝，可取少量放在盘内，并表示"谢谢，够了"。对不合胃口的菜，勿露出难堪的表情。

（二）自助餐厅宾客礼仪文化

1. 排队

自助餐厅无限量供应美味的食物是邮轮旅游的特色和吸引点之一，每个人都应该遵守用餐礼仪，让用餐氛围变得更加愉快。因此，在自助餐厅取餐时不要插队，也不要从另一个方向进入，更不要边排队边吃。有时前面的人可能正在热衷于聊天而忘记前进，可以礼貌地询问是否可以绕过他们或者提醒他们前进。

2. 取餐

用新盘子去拿自助餐，每种食物都有自己的食物钳，不要图方便而混用。不要一次拿太多的食物。如果喜欢吃，大可以吃完后再去取喜欢的食物。同时，如果服务台盘子里的食物剩最后一块了也不要把它拿走，要留给后面的人，同时提醒服务员这盘菜需要补充。

(三)船长晚宴宾客礼仪文化

1. 用餐礼仪文化

每艘邮轮都会有盛大的船长晚宴活动(图3-17),这是邮轮上的一种惯例,船长和船员们在大堂集体亮相,向来自世界各地的宾客表达祝福。船长和船员们作为"主人家",欢迎宾客们参加晚宴,见面问候时以握手礼为主,同时船长会和宾客们亲切拍照留念。

图3-17 船长晚宴活动

(1)就席和落座:宴会座位安排是男女间隔就座,左右都是异性,这是为了让每位女士都可以得到身边男士的照顾。男士应该为女士把座椅拉开,当所有的女士都有座位后,男士们才入座。男士要留意身边女士的酒杯是否缺酒等,时刻准备着照顾女士们。

落座时最好从座椅的左侧入座,将椅子向外拉开,然后轻轻走到桌子前面,在身体几乎与桌子碰到的距离站直,等待领位者把椅子推进来到腿弯处,再落座即可;坐在座椅的1/3处,尽量保证端正笔直,最好不要用手托腮或将双臂肘放在桌上,不要随意靠椅背,也不可以玩弄桌上的酒杯、盘碗、刀叉等餐具,脚应踏在本人座位下,不可以随意伸出,避免影响他人。

(2)热毛巾:用餐前服务员送上的热湿毛巾是用来擦嘴角与双手的,不可以用它来擦脸或别的部位。

(3)餐巾:必须等到大家坐定后,才可使用餐巾。餐巾主要防止弄脏衣服,还可用来擦嘴及手上的油渍。餐巾不仅要摆在腿上,还应该注意要将其对折,并将折痕靠近自己。切勿系在腰间,或挂在西装领口。切忌用餐巾擦拭餐具。结束用餐离开宴席时,应将餐巾折放在桌面上。

(4)刀叉:左手持叉,右手持刀。左手拿叉按住食物,右手用刀将食物切成小块,然后用叉子送入口中。摆在盘子上方的叉勺是用来吃甜点的。叉背向上放表示还没吃完,叉背向下则表示用餐完毕,若中途离席,刀叉要呈"八"字形摆放。

2. 服饰礼仪文化

邮轮宾客于每晚享用晚宴时,船方都会提前提醒宾客用餐的服饰惯例,一般称之为"着装原则"(Dress Code)。旅途中适宜大方得体的衣饰穿着,除不至于在国际社交场合失礼之外,也可以增加邮轮旅游漫漫航程中的乐趣。"着装原则"较为常见的晚宴穿着礼仪,有以下两种。

(1)正式服装(Formal)(图3-18):传统上男性需要穿着燕尾服(Tuxedo)参加宴会,但如今已不再如此讲究。目前仅要求男士穿着深色西装外套(Dark Suit),配以浅色衬衫,打蝴蝶结或深色领带(Black Tie)即可。女士则以穿着连身一件式西式晚礼服(One Piece Evening Gown)或中式长旗袍为宜。至于鞋子,男士以黑色或深咖啡色皮鞋为宜,女士以高跟鞋为宜。

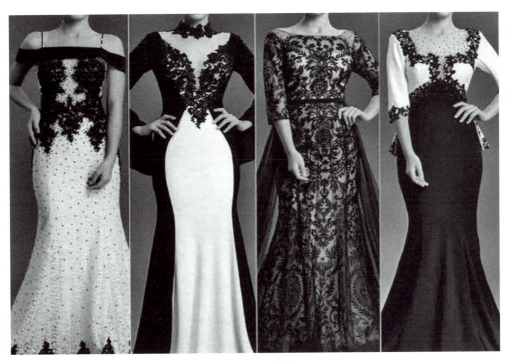

图3-18 正式服装

男士西装依纽扣形式的排列,有单排扣和双排扣的分别。单排扣西装多为三件式,即搭配一件背心、衬衫及领带。至于双排扣西装则不必搭配背心,但应扣上扣子及暗扣。西裤则尽可能与西装同一色系,以突显穿着之权威感。女士的所谓连身一件式晚礼服,或称晚礼服,一般为低胸、无袖、露背、束腰、拖地长裙,再搭配炫目耀眼的饰物。餐厅服饰礼仪文化也是邮轮旅游奇景之一。

(2)半正式服装(Informal)(图3-19):邮轮公司为顾及宾客的方便,目前要求上述正式穿着的已较为少见。半正式服装的规定反而较为常见,一般仅要求男士穿着西装或西裤。至于鞋子,除了拖鞋不适宜外,休闲鞋甚至球鞋都不失礼数。特别提醒:无论何时进入晚宴餐厅,男士、女士均不宜穿着拖鞋,也不宜穿着无领衬衫(T-Shirt)或牛仔装(Blue Jeans)。

图3-19 半正式服装

女士则以穿着过膝裙配上西装外套的套装为宜。至于鞋子,女性以高跟鞋为宜。

知识拓展

西餐礼仪的"6M"原则

1. Menu(菜单)

当宾客走进咖啡馆或西餐馆时,服务员会先领宾客入座,待宾客坐好后,首先送上来的便是菜单。菜单被视为餐馆的门面,老板也一向重视,采用最好的材料做菜单的封面,有的甚至用软羊皮印上各种美丽的花纹,显得格外典雅精致。

2. Music(音乐)

豪华高级的西餐厅,通常会有乐队演奏一些柔和的乐曲,一般的西餐厅也会播放一些美妙典雅的乐曲。但这里最讲究的是乐声的"可闻度",即声音要达到似听到又似听不到的程度。就是说,在集中精力和友人谈话就听不到,在休息放松时就听得到,这个"火候"要掌握好。

3. Mood(气氛)

吃西餐讲究环境雅致,气氛和谐。一定要有音乐相伴,桌台整洁干净,所有餐具一定要洁净。如遇晚餐,要灯光暗淡,桌上要有红色蜡烛,营造一种浪漫、迷人、淡雅的气氛。

4. Meeting(会面)

也就是说和谁一起吃西餐,这是有选择的。吃西餐的伙伴最好是亲朋好友或是趣味相投的人。吃西餐主要是为联络感情,最好不要在西餐桌上谈生意。所以在西餐厅内,氛围一般都很温馨。

5. Manner(礼节)

这一点指的是"吃相"和"吃态"。既然是吃西餐就应遵循西方的习俗,勿有唐突之举,特别是在手拿刀叉时,若手舞足蹈,就会失态。刀叉的用法一定要正确:应是右手持刀,左手拿叉,用刀将食物切成小块,然后用叉送入口内。

6. Meal(食品)

中餐是以"味"为核心,西餐则以营养为核心,中西餐的味道各具特色。

(来源:西餐礼仪之六M理论[OL].搜狐网,2021-03-16.)

本章小结

本章主要讲解了邮轮餐厅的主要类别、邮轮餐厅主要岗位职责与工作内容、邮轮厨房岗位设置和职责,以及与陆地厨房结构对比,重点介绍了邮轮西餐饮食文化,其中穿插案例和拓展知识,能够让学生系统直观地了解邮轮餐厅文化的内容。

实践实训

实训一

分为若干实训小组,通过查阅相关图书或网络资料,了解不同邮轮公司餐厅的结构、岗位设置、服务项目等内容,将调研结果填入表3-1中。

表3-1 邮轮餐厅调研结果

调研项目	邮轮公司一	邮轮公司二	邮轮公司三	邮轮公司四
餐厅设施及布局				
餐厅岗位设置				
餐厅菜单				
其他				

实训二

分组讨论调研结果,形成调研报告并以小组为单位将结果做成PPT,在课堂上与其他小组分享交流。

知识检测

1. 邮轮餐厅的类别有哪些?
2. 请阐述邮轮厨房的岗位职责与工作内容。
3. 简述邮轮西餐菜式。
4. 在邮轮中,西餐餐前酒、佐餐酒及餐后酒该如何选择?
5. 请阐述邮轮自助餐厅礼仪文化的要点。
6. 案例分析

小王在一家外企做总经理秘书工作,在一次邮轮旅游中,要陪同总经理到邮轮特色餐厅宴请合作伙伴。她到餐厅入座后,摊开餐巾别在衣服领口上,然后躺靠在椅背上叫服务员拿菜单点菜。第一道食物面包和汤上来了。喝汤时,由于刚上的汤比较烫,为了加快汤的冷却,她忙一边用汤匙搅和着热汤,边用手在汤碗上方不停地扇动。后来,又用刀子切了面包放进汤中,然后用叉子将面包叉出来吃。不一会儿,牛排上来了。她右手拿刀,左手拿叉,将牛排全部切成小块,然后用叉子一块块地送入口中。突然,她的手机响了,她顺手将餐巾放在桌旁,边接电话边往洗手间走去……

思考:请结合邮轮西餐宾客礼仪,分析在此案例中小王有哪些失礼之处。

第四章　邮轮酒吧文化

▶ 能力目标

1. 能够正确阐述邮轮上酒水分类及饮用方法。
2. 能够根据不同酒的种类介绍食物的搭配以及饮酒文化。

▶ 知识目标

1. 了解邮轮酒吧的岗位职责与工作内容以及相关特色酒吧文化。
2. 熟悉邮轮酒水分类、酒水产地及鸡尾酒文化。
3. 掌握邮轮饮酒礼仪、饮酒习惯和饮酒差异。

▶ 素质目标

1. 通过对邮轮酒吧文化基本知识的学习，了解不同国家酒水的文化背景和历史典故，培养学生对行业的认同感。
2. 通过对鸡尾酒文化的学习，帮助学生树立按照配方及调酒标准制作鸡尾酒的意识和一丝不苟的工匠精神，深化学生对调酒行业的了解。

章节导读

邮轮旅游不仅讲究甲板上的蓝天、泳池、海洋和阳光。夜阑人静，邮轮的慢生活才渐渐开启。邮轮各式各样的酒吧，从梦幻的玛格丽特，到特别的海洋天空都别有一番韵味。在邮轮酒吧里小酌一杯，可以尽情享受海上的美妙夜晚。邮轮酒吧具有展示当地文化的功能，酒吧文化也是地域文化的缩影，汇聚了多种文化形式，值得深入探讨。那么邮轮酒吧的空间布局是怎样的？酒水都有哪些分类呢？邮轮饮酒文化又有哪些方面需要了解？本章的学习中，我们将从邮轮酒吧认知、邮轮酒水文化和邮轮饮酒文化三大方面介绍邮轮的酒吧文化。

第一节　邮轮酒吧认知

一般来说，大部分酒吧饭后才开始忙碌起来。各式各样的酒吧是针对不同宾客的，如体育酒吧、传统的酒吧间、香槟和鱼子酱酒吧、钢琴酒吧，都能将轻松休闲

与亲密友好的氛围结合起来。宾客聚集在不同的地方，或是享受安静的时刻，或打牌，或看书。各式各样的酒吧也可用于举办一系列的活动，包括艺术拍卖、比赛、卡拉OK、舞蹈、时装秀和娱乐节目。

（来源：迷醉人生：邮轮酒饮篇［OL］.携程途风网，2014-11-25.）

思考：邮轮上酒吧的布局结构是怎样的？具体该怎么分类呢？

一、邮轮酒吧介绍

每艘邮轮上有不同特色的酒吧，酒吧内有着精彩的乐队表演，点杯鸡尾酒，听一场现场音乐会可是船上的典型娱乐。来自世界各地的乐师，无论是乡村乐，还是摇滚乐等，都让听众在觥筹交错间坠入音乐的世界，由此可见酒吧种类繁多、风格迥异。以下重点介绍酒吧的定义及分类。

（一）酒吧的定义

酒吧是指提供酒水和服务，以营利为目的，有计划经营的一种经济实体，常作为人们休闲、聚会和商务洽谈的场所。从字义上来看，"酒"就是指含有酒精的饮料，所以酒吧首先是卖酒的场所。而"吧"这个词源于英文的bar。在英文中，bar的原意为长条的木头、金属、栅栏、柜台之类的东西。到了16世纪，bar有了卖饮料的柜台这个含义。

随着酒吧业的发展，经营品种已从单一的酒品拓展成名目繁多的酒水和简餐，此外，酒吧的经营场所由陆地延伸至海洋，成为邮轮旅游业不可或缺的组成部分。

（二）邮轮酒吧的分类

由于现代酒吧服务功能的多样性，很难对某一个酒吧进行归类。所以，接下来将以皇家加勒比游轮上的酒吧为例，按照相关的主题内容来介绍几种邮轮酒吧的常见类别。

1. 音乐酒吧

音乐酒吧是指以音乐为主题的酒吧，在音乐酒吧中，最好融入与音乐相关的设计元素。音乐是音乐酒吧的灵魂，是无形的装饰，它以抽象的方式代表着酒吧文化，这对营造音乐酒吧气氛至关重要。如图4-1所示。星空酒廊位于甲板楼层5层船头，是皇家加勒比绿洲系列的音乐酒吧，酒吧中的现场音乐、舞蹈和娱乐项目，都能让人沉浸在愉悦的氛围之中。

2. 休闲酒吧

休闲酒吧主要是朋友们谈天说地、沟通感情的休闲场所。休闲酒吧的设计也有自身的特色。除了灯光相对柔和温暖以外，酒吧吧台、门厅和散台的设计也相对优雅。如图4-2所示。

北极星酒吧是皇家加勒比游轮"海洋光谱号"的酒吧，也是一个典型的休闲酒吧，位于15层船中，深受宾客们的喜爱。在北极星酒吧，香槟、招牌鸡尾酒和激动人心的景色，都能营造出令人振奋的氛围。

图4-1 "海洋航行者号"星空酒廊

图4-2 "海洋光谱号"北极星酒吧

3. 咖啡吧

惬意的海上假期少不了咖啡与美酒,咖啡吧便是朋友小聚、企业迎宾的绝佳选择。在皇家加勒比游轮上,总能找到适合的场所来怡养自己的心境。如图4-3所示,维京皇冠酒廊位于皇家加勒比"海洋航行者号"甲板层14层船中,可容纳人数134人,在维京皇冠酒廊尝一杯温醇的巧克力摩卡,释放愉悦的心情;陪伴长岛冰茶的不只是伴酒小点,还有360度的无敌海景。

4. 鸡尾酒吧

鸡尾酒吧是以鸡尾酒为主打的酒吧,R吧就是皇家加勒比游轮的一间典型的鸡尾酒吧,如图4-4所示,R吧位于"海洋航行者号"的甲板层5层的船中,可容纳59人,酒吧的装修风格还原美国60年代,内部布置时髦,精致而又弥漫着复古韵味。R吧提供各式经典鸡尾酒。如图4-4所示。

图4-3 "海洋航行者号"维京皇冠酒廊

图4-4 "海洋航行者号"R吧

5. 运动酒吧

每当夏日夜晚来临,摆脱白天的劳累,举杯畅饮,与周遭的人一起,在大屏幕上观看激情四射的比赛,度过热血沸腾的一晚,恐怕这便是人生最快乐的事情之一,于是运动酒吧(Sports Bar)也随之兴起,在仲夏夜里,它也可以化身为城市白领们的绿茵场。如图4-5所示的活力吧是皇家加勒比游轮航行者系列的运动酒吧,位于甲板层4层的船尾,可容纳90人。各个年龄段的宾客将聚集在此,一边喝着冰镇啤酒,一边通过数十台大屏幕电视观看体育赛事。店内还拥有齐全的娱乐设施,绝对能让每一位宾客玩得不亦乐乎。

6. 啤酒吧

随着啤酒个性化潮流的涌现,场景化体验也渐成潮流,为满足这种场景化、便捷化、高端化、个性化、多层次新需求，啤酒吧便应时而生。如图4-6所示。皇家加勒比游轮"海洋航行者号"的小猪与口哨酒吧是一间独具特色的啤酒吧，位于甲板层5层的船中，可容纳92人，小猪与口哨酒吧是一间英式主题的啤酒酒吧，供应各种进口啤酒和麦芽酒。

图4-5 "海洋航行者号"的活力吧

图4-6 "海洋航行者号"小猪与口哨酒吧

二、邮轮酒吧岗位职责及工作内容

根据邮轮吨位以及邮轮各部门之间配置的不同，邮轮上的酒吧和吧台数量有多有少。一般情况下，亚洲航线酒水服务工作量不大，酒水部全体人员为40人左右；而欧美航线的酒水服务工作量较大，人员配置为60人左右。这里将主要介绍酒吧经理、酒吧副经理、调酒师主管、调酒师和酒吧服务员的岗位职责及主要工作内容。

(一)酒吧经理

1. 职责概述

制定邮轮内酒水部门经营目标与计划,参与制定所有的餐牌、安排一切的推广活动等。

2. 主要工作内容

(1) 在邮轮餐饮总监的领导下,负责酒吧的日常经营管理工作。

(2) 负责对邮轮上全体酒水团队成员进行日常岗位业务培训,确保他们的业务水平达到邮轮公司制定的服务标准。

(3) 向餐饮总监汇报本部门员工的职位晋升、工作要求、紧急事假和合同终止等情况。

(4) 负责邮轮上所有酒水销售点、船员酒吧和酒水存储间的正常运作,检查它们的运行情况以确保其符合职业卫生安全标准、邮轮公司政策和当地酒类监管条例。

(5) 负责所有库存酒水的销售、储存,根据日常消费需求估算并申领酒吧所需用品及酒水,尽量控制成本。

(二)酒吧副经理

1. 职责概述

在酒吧经理的领导下,监督、扶持并考核下属的工作。

2. 主要工作内容

(1) 协助酒吧经理对全体酒水团队成员进行日常岗位业务培训,确保他们的业务水平达到邮轮公司制定的服务标准。

(2) 处理宾客投诉并向酒吧经理汇报,以积极、有礼貌的态度为宾客和本部门的员工解决问题。

(3) 定期策划酒水促销活动,在不断提高酒水销售量的同时控制成本,减少费用。

(4) 与调酒师主管负责酒水的盘点工作,负责每月杯具、器皿的盘点。

(三)调酒师主管

1. 职责概述

在酒吧副经理的领导下,监督、培训并检查下属的工作。

2. 具体工作内容

(1) 协助酒吧副经理对全体酒水团队成员进行日常岗位业务培训,确保他们的业务水平达到邮轮公司制定的服务标准。

(2) 与下属酒吧员工共同工作,在繁忙时段协助不同酒水销售点的调酒师和酒吧服务员工作。

(3) 检查下属的工作以及休息日情况,确保下属当班时穿着工作服并穿戴整齐。

(4) 努力减少成本,将成本控制在酒吧经理设定的范围内。

(四)调酒师

1. 职责概述

在调酒师主管的领导下,监督、扶持并考核下属的工作。

2. 具体工作内容

（1）为宾客、职员、船员提供专业、周到的服务。

（2）协助调酒师主管对下属员工进行日常岗位业务培训，确保他们的业务水平达到邮轮公司制定的服务标准。

（3）通过使用各种销售技巧和手段完成或超额完成销售指标，同时将成本控制在酒吧经理设定的范围内。

（4）根据服务员递交的点酒单提供或调制酒水，确保酒水出品时使用正确的玻璃器皿和装饰物品，确保吧台上的物品摆放到位。

（五）酒吧服务员

1. 职责概述

负责各酒水销售点的酒水推荐和服务工作。

2. 具体工作内容

（1）在特殊活动和主题夜活动等场合做好服务工作。

（2）了解所供应酒水的特点并积极推销给宾客，努力完成或超额完成酒吧经理设定的销售指标。

（3）接收宾客点酒单并递交给调酒师，确保酒水规范出品。

（4）向每位宾客出示单独开具的账单，将账单副本留给宾客，将核对完的账单送回指定的地点。

（5）遵守邮轮公司有关制服和个人卫生的规定，根据相关公共卫生条例和邮轮公司的规定保持自己工作区域内的卫生清洁。

三、邮轮特色酒吧文化

邮轮酒吧的设计要素与陆地酒吧不同，陆地酒吧作为独立的个体，设计只要符合酒吧的主题即可，但邮轮酒吧的空间设计要与周围空间环境相协调融合，这要求酒吧的空间和细节与邮轮上舱室的风格展现出统一的格调，无论是色彩还是装饰上都不能有过大的反差。以下主要以皇家加勒比游轮、公主邮轮以及地中海邮轮三个著名邮轮品牌为例介绍邮轮特色酒吧文化。

（一）皇家加勒比游轮特色酒吧文化

皇家加勒比游轮酒吧主要体现的是美式时尚风格，整体追求创新、突破，追求前沿趋势。在设计上更在意每个酒吧想突出的特色，例如皇家加勒比游轮酒吧的特点是通过对多种室内风格的融合与微调，显现出混杂的新鲜感和多样性。

如思古诺酒吧（图4-7）是一家皇家加勒比的招牌酒吧，深受宾客喜爱，在这家以航海为主题的酒吧内，人们会聚在钢琴旁一起吟唱喜欢的歌曲。酒吧名称最早为双桅纵帆船的含义，根据1911年《大英百科全书》，最早被称为思古诺的帆船是安德鲁·罗宾逊于1713年在马萨诸塞州格洛斯特建造的。据说当时有人赞道"看她在水面上飞"（Oh how she scoons），"scoon"是一个苏格兰词语，意为在水面上跳跃。于是罗宾逊即将这艘船命名为思古诺（schooner）。宾客可以在思古诺酒吧找到五个鸡尾酒品类，如热带风味的特调，混合了樱桃、菠萝、橘子和马里布椰子朗姆酒；这里也有创意特调，如加入粉红葡萄柚、新鲜树莓，这就有一点南部特色的味道。

图4-7 "海洋光谱号"思古诺酒吧

(二)公主邮轮特色酒吧文化

与皇家加勒比游轮酒吧设计风格不同,嘉年华公司旗下的公主邮轮酒吧主要体现的是古典欧式风格。公主邮轮酒吧采用的是中性和沉静的色调,传承了沉稳和安静的英国文化气质,从而让宾客产生惬意美好之感。

如舵手酒吧(图4-8)是传统航海主题酒吧,以船舵等船上摆设作为装饰,配以古典红木家具。在出海航行的日子里,舵手酒吧就变成了一个地道的英式餐厅,为大家提供各种传统的英国美食。菜品包括英国人最喜欢的香肠、土豆泥、鱼、薯条,英式农夫午餐和传统的酒吧啤酒,如巴司清啤或吉尼斯黑啤酒等。

图4-8 "蓝宝石公主号"舵手酒吧

(三)地中海邮轮特色酒吧文化

地中海邮轮特色酒吧主要体现的是地中海风格,是类海洋风格装修的典型代表,它的设计元素包括白灰泥墙、连续的拱廊与拱门、陶砖、海蓝色的屋瓦和门窗。在色彩上,以蓝色、白色、黄色为主色调,看起来明亮悦目。在组合搭配上避免琐碎,显得大方、自然,流露出古老的文明气息。

如 MSC 星际酒吧(图4-9),酒吧位于最新旗舰邮轮"地中海华彩号"上,将为宾客带来充满未来感的沉浸式互动体验。"未来之星"人型机器人酒保罗伯（Rob）将奉上它精心调制的宇宙鸡尾酒，成为酒吧娱乐体验的最大亮点。MSC星际酒吧采用了顶尖机器人和互动数字技术，完全颠覆传统的酒吧体验，让宾客仿佛置身于异度空间，畅游于宇宙星河中。

图4-9 "地中海华彩号"MSC星际酒吧

知识拓展

调酒师需要掌握的技巧

现在，越来越多的人投身于调酒行业，但是调酒师必须要有真本领，那如何才能成为一名优秀的调酒师呢？

必备技能一：专业的知识

1. 了解六大基酒的风味、产地、搭配、制作工艺、饮用方式。
2. 熟知经典鸡尾酒的配方、背景故事、整体风格、酸甜度、整体呈现。
3. 根据客人的不同喜好推荐不同的鸡尾酒、烈酒或者葡萄酒。

必备技能二：专业的手法

1. 搅动（Stir）：用混合杯子加入冰块，再加入基酒，用酒吧专用勺子搅拌。
2. 摇动（Shake）：在雪克壶里加入冰块、基酒摇动。
3. 搅和（Build）：直接在杯中加入冰块、基酒、果汁或者软饮，用专用勺子搅拌。
4. 混合（Rolling）：在罐子中加入基酒、冰块翻动手臂混合。
5. 轻压萃取（Muddling）：用捣棒轻压水果等食材，达到萃取出汁的目的。

必备技能三：搭配的口感

在一杯鸡尾酒中，酸主要来源于柠檬汁；甜主要来自糖浆（白糖浆、风味糖浆），也会存在利口酒中。如何才能达到酸甜平衡？首先要去了解每款基酒的不同风味，柠檬汁的酸度，不同的季节柠檬的酸度会不同，不同品种的柠檬其酸度也会不同。一定要去尝柠檬汁的味道，尽可能达到酸甜平衡。所谓的酸甜平衡就是酸中有甜，甜中有酸。除了酸甜平衡，有时在制作鸡尾酒时还要加入与基酒风味相得益彰的新鲜食材或者可食用香料，从而带来一个全新的视觉、味觉、嗅觉体验，而且还要秉承着酸甜平衡的原则进行搭配，从而为宾客提供一杯心仪的饮品。

必备技能四：整体视觉效果

所谓的整体视觉效果就是一杯鸡尾酒是否美观和谐。如何去做出一杯好看、吸引眼球的鸡尾酒？重点就在于鸡尾酒的装饰，这关乎个人审美。

必备技能五：不断地学习

作为一个调酒师需要具有市场敏锐度，不断学习更多的酒水知识、搭配技巧，学习为不同特点的宾客调制一杯属于他的独特的鸡尾酒。

（来源：调酒师必备的5项技能，早知道早受益［OL］.搜狐网，2021-08-03.）

第二节　邮轮酒水文化

案例导入

邮轮旅游的忠实爱好者在每次的邮轮之旅中是少不了要在船上品尝美酒的，这就不得不说说葡萄酒。不同的公司、不同的船都会有一些自己独特的葡萄酒，有的是专门定制的，也有的是从酒庄买断作为船上的特别品牌。不管是哪一种，船方都很在意品质。葡萄酒的消费量在船上很大，主要的一个原因是船上的宾客以西方人居多；另一个原因是船上的酒都是免税品，价格低廉，比在餐厅或酒吧的价格要低很多，但品质却很好。

（来源：享受豪华邮轮——你不得不了解的葡萄酒知识［OL］.搜狐网，2017-09-14.）

思考：邮轮酒吧中酒水的分类是什么？不同产地的酒有什么特点呢？

一、邮轮酒水分类

随着亚洲邮轮市场的迅速发展，邮轮为迎合亚洲宾客的口味，也会提供中国白酒、日本清酒、韩国烧酒之类的酒水，但还是以西方酒水为主，因此，以下将以传统西方酒水知识作为重点。通常邮轮酒水有酒精饮料和非酒精饮料两大类，具体如下。

（一）酒精饮料（Alcoholic Drinks）

酒精饮料是邮轮中常见的饮料类型，是指含有0.5%～75.5%酒精的适宜饮用的饮料。因酒精饮料分类众多，以下重点介绍酿造酒和蒸馏酒。

1. 酿造酒

酿造酒是指以水果、谷物等为原料，经发酵后过滤或压榨而得的酒。一般酒精含量在3%～18%之间，刺激性较弱，如葡萄酒、啤酒等。马奶酒、牛奶酒、醪糟等发酵的、不经蒸馏的含酒精饮品也在此列。这类酒的特点是酒精度低，且营养成分较丰富，不宜长期储存。下面主要以邮轮中常见的啤酒和葡萄酒为例进行介绍。

（1）啤酒：啤酒（图4-10）是以大麦为原料、啤酒花为香料经发酵酿制而成的一种含有大量二氧化碳气体的低度酒。在欧美一些国家和地区，啤酒被认为是一种饮料。啤酒具有显著的麦芽和酒花清香，口味纯正爽口，内含丰富的营养成分，所以深受消费者喜爱。

啤酒按有无杀菌（酵母菌）可分为生啤酒和熟啤酒两种，按其颜色可分为黄啤酒和黑啤酒。除了传统的啤酒，还有一些新型啤酒：荞麦啤酒、奶酪啤酒、甘薯啤酒、玉米啤酒、速溶啤酒、白色啤酒等。

图4-10　啤酒

（2）葡萄酒：葡萄酒（图4-11）是以葡萄为原料酿造的一种果酒，属于酿造酒的一种。葡萄酒按其颜色可分为下列三种：红葡萄酒、白葡萄酒、玫瑰葡萄酒。按国际上传统的分类方法，葡萄酒可分为以下四类：无汽葡萄酒、有汽葡萄酒、强化葡萄酒、芳香葡萄酒。世界上目前已知的葡萄品种有8000多种，世界上大约有1000种葡萄可用于酿造葡萄酒，葡萄品种是影响葡萄酒风格的重要因素，常用的葡萄品种有梅洛、西拉子、赤霞珠、雷司令。

图4-11　葡萄酒

在饮用温度方面，白葡萄酒宜先冷藏至7～10℃，开盖后即可饮用。红葡萄酒，在室内温度15～18℃饮用，可以在饮酒前30分钟开启瓶盖，让葡萄酒与气体接触，香味更为芳香长久。

葡萄酒理想的贮酒温度为10～16℃，恒温比低温更重要，避免日照影响。酒瓶必须斜放、横放或倒立，以便酒与软木塞接触，以保持软木塞的湿润。避免强光、噪声及震动的伤害，还要避免与有异味、难闻的物品放置在一起，以免酒掺入异味。

2. 蒸馏酒

蒸馏酒又称烈性酒，是指以水果、谷物等为原料先进行发酵，然后将含有酒精的发酵液进行蒸馏而得的酒。蒸馏酒酒精度较高，一般均在20度以上，刺激性较强，如白兰地、威士忌、中国的多种白酒等。

（1）白兰地：白兰地是以葡萄或其他水果为原料经发酵、蒸馏而成的酒。以葡萄为原料制成的白兰地可仅称为白兰地，而以其他水果为原料制成的白兰地必须标明水果名称，如苹果白兰地、樱桃白兰地等。白兰地名品包括干邑白兰地和雅邑白兰地。

（2）杜松子酒（金酒）：金酒，又名杜松子酒或琴酒，最先由荷兰生产，在英国大量生产后闻名于世，是世界第一大类的烈酒。英国王子威廉三世将荷兰产的金酒挪到英格兰生产，金酒开始被大量饮用，其品质也逐渐提高。金酒按口味风格又可分为英国金酒、荷兰金酒、美国金酒和果味金酒。

（3）朗姆酒：朗姆酒又译作兰姆酒，也是世界上著名的蒸馏酒之一。朗姆酒是以蔗糖汁或蔗糖浆为原料经发酵和蒸馏加工而成的酒，也有用糖渣或其他蔗糖副产品做原料酿造的。新蒸馏出来的朗姆酒必须放入橡木桶陈酿一年以上，酒精度为45度左右。朗姆酒按其色泽可分为三类，包括银朗姆、金郎姆、黑朗姆。

（4）伏特加酒：伏特加是一种无色透明、没有独特香气和风味的蒸馏酒，含酒精33%～45%。伏特加（Vodka）这个酒名来自俄语中的水（Voda）。由于伏特加无色无味，欧美多用其代替其他烈性酒配制不带原烈性酒色味的鸡尾酒等混合饮料。

（5）威士忌酒：威士忌在世界各地都有生产地，以苏格兰威士忌最负盛名，它是以谷物为原料经发酵、蒸馏而成的酒。威士忌的酒精度为40度左右。苏格兰威士忌是用熏过的大麦麦芽做原料，经过发酵、蒸馏成一种不掺杂其他原料的酒精度很高的麦芽威士忌，然后同酒性温和的玉米威士忌混合，不同其他威士忌混合的称为纯麦威士忌。威士忌可纯饮，也可加冰块饮用，在邮轮上往往被大量用于调制鸡尾酒和混合饮料。

（二）非酒精饮料（Non-alcoholic Beverages）

非酒精饮料又称软饮料，是指酒精含量小于0.5%、以补充人体水分为主要目的的流质食品。邮轮中的无酒精饮料包括茶、咖啡、可可、矿泉水、碳酸饮料、果蔬汁饮料、茶饮料等，这里重点介绍茶、咖啡和可可。

1. 茶

茶以茶叶为原料，经过沸水泡制而成，是风靡世界的三大无酒精饮料之一。喝茶有软化血管的作用，茶水可使血管中血清胆固醇和纤维蛋白含量降低，从而降低血脂、软化血管。茶叶有抑制细胞突变与癌变的作用，而且有抑制癌细胞生长和扩散的作用。长期饮茶能降低食道癌、胃癌、肠癌等消化道肿瘤的发病率。茶水可提神醒脑、清热解毒,具有明目、消滞、减肥的功效。

邮轮上一般选用比较高级精美的袋泡茶,每家邮轮公司使用的品牌可能不太一样,袋泡茶冲泡方便,但是损失了茶叶的口感和美感。

2. 咖啡

咖啡是用经过烘焙研磨的咖啡豆制作出来的饮料。作为世界三大无酒精饮料之一,其与可可、茶同为流行于世界的主要饮品。"咖啡"一词源自阿拉伯语,意思是"植物饮料"。咖啡的原始品种大致分为阿拉比卡种、罗巴斯塔种两大种类。此外还有一些次要的品种,如利比里亚种与阿拉布斯塔种,但在市场上并不多见。

咖啡是邮轮中最受喜爱的饮品之一,每家公司选用的品种差异较大,比如美国公司和欧洲公司偏好就不一样。常见的咖啡品类主要包括意式浓缩咖啡(Espresso)、美式咖啡(Americano)、拿铁咖啡(Latte)(图4-12)、馥芮白咖啡(Flat White)、卡布奇诺咖啡(Cappuccino)等。

图4-12 拿铁咖啡

3. 可可

可可是梧桐科、可可属常绿乔木,树冠繁茂;树皮厚,呈暗灰褐色;叶具短柄,呈卵状长椭圆形至倒卵状长椭圆形;花排成聚伞花序,花的直径约18毫米;核果呈椭圆形或长椭圆形,表面初为淡绿色,后变为深黄色或近于红色,干燥后为褐色;植后4~5年开始结果,10年以后收获量大增,到40~50年后则产量逐渐减少。

可可原产于美洲中部及南部,广泛栽培于全世界的热带地区,在中国海南和云南南部有栽培。可可喜生于温暖和湿润的气候区和富于有机质的冲积土所形成的缓坡上,在排水不良和重黏土上或常受台风侵袭的地方则不适宜生长。可可的种子含有多种可药用的化学成分,也为制造可可粉和巧克力糖的主要原料,为世界三大无酒精饮料之一。可可(图4-13)味道香浓可口,能增加热量、增强体质,可生产巧克力和咖啡等热饮,是一种营养价值颇高的饮品。

图4-13 可可

二、邮轮主要酒水产地

邮轮中常见的热销酒水有葡萄酒、威士忌、鸡尾酒等,由于每种酒水产地繁多,所以以下将以葡萄酒为例,介绍葡萄酒的主要产地。葡萄酒的主要产地有法国、意大利、西班牙、澳大利亚、德国和美国。

(一)法国

1. 波尔多区(Bordeaux)

波尔多酒享誉全世界,红酒不浓不淡,细腻而不会有太浓的酒精味,多有美丽的红宝石色泽,而且上佳的红葡萄酒具有愈陈愈好的特质。

主要产区为:美道区(Medoc)、圣爱米伦(St-Emilion)、玻玛络(Pomerol)、格拉夫(Graves)、索坦(Sauterne)。

2. 勃艮第(Burgundy / Bourgogne)

波尔多葡萄酒大都是由数个不同的葡萄品种酿制,而勃艮第葡萄酒几乎都是由同一葡萄品种所酿造。此外,分级标准也有不同,波尔多区的特级酒是由1855列级庄分级系统制订出来的,而勃艮第的特级酒是依产区葡萄园来制订的。

主要产区为:夏普利(Chablis)、黄金山坡即歌德区、马岗区(Maconnais)、宝酒利(Beaujolais)。

(二)意大利

意大利最有名且产量较多的地区有:皮蒙(Piemonte),其中以(Barolo Barbaresco)最著名;威尼托(Veneto),以阿玛罗尼瓦坡里切拉(Amarone Valpolicella)、苏瓦韦(Soave)为代表;托斯卡纳(Tosecana)、草包酒香提(Chianti)最著名。

(三)西班牙

西班牙是世界上葡萄种植面积最大的国家,产酒量世界排名第三。西班牙葡萄酒给世人的感觉就像意大利酒一样"大众化"。20世纪70年代才有了西班牙自己的"AOC",简称DO,规定了酒的原产地及品质。里欧哈(Rioja)是西班牙的"波尔多"。因19世纪的蚜虫之害,许多原本在波尔多区的葡萄种植者,远离家园来到里欧哈,重建葡萄园,重新酿酒,所以此地以产波尔多类型的酒为主,只是葡萄品种及酒的陈放不尽相同。

(四)澳大利亚

澳洲有良好的土壤条件及稳定的气候,是一个优秀的新兴产区。其葡萄酒产量占世界的2%,年产量约5500万箱,近三成出口。原以生产强化酒精葡萄酒为主,但近30多年来改为大量生产不甜的一般餐用酒。因地处南半球,季节与北半球正好相反,每年二三月为其葡萄采收期,所以比欧美各产区的葡萄酒提早半年上市,买到当年的澳大利亚葡萄酒是不足为奇的。在澳大利亚葡萄酒最有特色的是混合酒(Blend Wine),它勇于创新,大胆尝试前人所没尝试过的调配方式,如用卡伯纳(Caberent)与席哈(Syrah)来调配出优良的葡萄酒。

当然它也生产了很多优秀的葡萄酒,如席哈,又如最有名气的葛兰许(Grange Hermitage),其他如卡伯纳·苏维翁(Caberent Sauyignon)、夏多内(Chardonnay)、塞米荣(Semillon)等也都有杰出的表现。

(五)德国

德国共有13个特定葡萄种植区,大多在西南部,是地处较高纬度的葡萄种植区,阳光不足,夏天短促,所以有80%的葡萄园在面河的山坡地以便吸收较多的阳光。主要的特定葡萄园集中在莫斯尔(Mosel)及莱茵河(Rhen)地区。一般来说,莫斯尔的酒果酸较强、较清爽,而莱茵河的酒较浓郁。

(六)美国

美国是全美洲最大的产酒国,也是一个葡萄酒的科技大国,凭其独特的地理位置、稳定的气候、先进的科技以及高超的行销手法,短短30年间在国际市场上俨然成为新兴的优良产酒区。其中加州所产的葡萄酒不论品质还是数量均居全美国第一。

加州葡萄酒约占全美国九成的产量,其葡萄种植主要分布于中央谷地、南部海岸,其中又以北海岸的那帕山谷(Napa Valley)、索诺玛山谷(Sonoma Valley)最具知名度,大多数名牌酒庄(Boutique Winery)均在此处。

三、邮轮鸡尾酒文化

鸡尾酒(Cocktail)是一种混合饮品,是由两种或两种以上的酒或饮料、果汁、汽水混合而成,有一定的营养价值和欣赏价值,是邮轮酒吧上最受宾客欢迎的饮品之一。接下来介绍邮轮鸡尾酒文化。

(一)鸡尾酒的特点

鸡尾酒通常以朗姆酒、金酒、龙舌兰、伏特加、威士忌、白兰地等烈酒或葡萄酒作为基酒,再配以果汁、蛋清、苦精、牛奶、咖啡、糖等其他辅助材料,加以搅拌或摇晃,最后还可用柠檬片、水果或薄荷叶作为装饰物。

1. 鸡尾酒是混合酒

鸡尾酒(图4-14)是由两种及两种以上的饮品调和而成,其中至少有一种为酒精性饮料。柠檬水、中国调香白酒等不属于鸡尾酒。

图4-14　鸡尾酒

2. 花样繁多，调法各异

用于调酒的原料有很多类型，各种酒所用的配料种数也不相同，如二种、三种，甚至五种以上。就算是以流行的配料种类调制的鸡尾酒，各配料在分量上也会因地域不同、人的口味各异而有较大的变化，从而冠以新的名称。

3. 具有刺激性口味

鸡尾酒具有明显的刺激性，能使饮用者兴奋。而适当的酒精度又可使饮用者紧张的情绪得到舒缓，僵硬的肌肉得到放松等。

4. 能够增进食欲

鸡尾酒是增进食欲的滋润剂。饮用后，由于酒中含有的微量调味饮料中的酸味、苦味等的作用，可以刺激饮用者的食欲，而不会因此倒胃口或厌食。

5. 口味优于单体组分

鸡尾酒必须有卓越的口味，而且这种口味应该优于单体组分。品尝鸡尾酒时，味蕾应该充分扩张，才能尝到刺激的味道，如果过甜、过苦或过香，就会影响风味，降低酒的品质，这是调酒不能允许的。

6. 冷饮性质

鸡尾酒通常是冰的。像朗姆类混合酒，以沸水调节相配，自然不属于典型的鸡尾酒。当然，也有些酒种既不用热水调配，也不强调加冰冷冻，但其某些配料是温的，或处于室温状态，这类混合酒也属于广义鸡尾酒的范畴。

7. 色泽优美

鸡尾酒应具有匀称、优雅、均一的色调。常规的鸡尾酒有澄清的或浑浊的两种类型。澄清型鸡尾酒色泽透明，除极少量鲜果固体物外，没有其他任何沉淀物。

8. 盛载考究

鸡尾酒由式样新颖大方、颜色协调得体、容积大小适当的载杯盛载。装饰品虽非必需，但却是常用的，它们对于酒，犹如锦上添花，使之更有魅力。况且，某些装饰品本身也是调味料。

（二）鸡尾酒的分类

1. 按基酒分类

鸡尾酒按调制的基酒分类，大约可分为七类：第一类是用美国威士忌调制，第二类是用白兰地调制，第三类是用金酒调制，第四类是用朗姆酒调制，第五类是用雪利酒调制，第六类是用伏特加酒调制，第七类是用苏格兰威士忌调制。

2. 按喝鸡尾酒的时间分类

（1）短饮类：即短时间喝的鸡尾酒，时间一长风味就减弱了。此种酒采用摇动或搅拌以及冰镇的方法制成，在调好后 10～20 分钟饮用为好，使用鸡尾酒杯。大部分酒精度数在 30 度左右。

（2）长饮类：是调制成适于消磨时间而悠闲饮用的鸡尾酒，可兑苏打水、果汁等，长饮鸡尾酒几乎全都是用平底玻璃酒杯或果汁水酒酒杯这种大容量的杯子。它是加冰的冷饮，也有加开水或热奶趁热喝的饮料，尽管如此，一般认为 30 分钟左右饮用完为好。

3. 以正餐前后分类

（1）餐前酒：即正餐前喝的鸡尾酒，目的是滋润喉咙，增进食欲。甜味并不强烈，口感很清爽。

（2）餐后酒：即正餐后喝的鸡尾酒，目的是在进餐之后清新口气，或者促进消化。

（三）鸡尾酒的构成

1. 主料——基酒

包括白兰地、威士忌、金酒、朗姆酒、伏特加、特基拉、香槟酒、味美思、薄荷酒、红葡萄酒、青梅酒、米酒、茅台酒、竹叶青、五粮液、汾酒、大曲酒等。

2. 辅料——汽水类

包括柠檬汽水、橙汁汽水、苏打汽水、苹果汽水、汤力汽水、可乐、雪碧等。

3. 辅料——果蔬汁类

包括苹果汁、青柠汁、山柚汁、葡萄汁、雪梨汁、黄梅汁、菠萝汁、椰子汁、柠檬汁、鲜橙汁、芒果汁、桃汁、胡萝卜汁、番茄汁、甘蔗汁等。

4. 辅料——装饰物

包括鲜橙、柠檬、菠萝、红樱桃、鲜薄荷叶、绿樱桃、苹果、草莓、芒果、橄榄、梨、桃、西芹等。

邮轮酒水文化丰富多彩，邮轮酒吧上不止酒水是核心，饮酒文化也是酒吧文化的重要组成部分，下一节主要讲述邮轮饮酒文化的主要内容。

 知识拓展

酒精饮料发展新趋势

一、线上消费

近两年，消费者开始转向线上购买。随着时间的推移，这种向线上消费转变的

趋势也不会消失，消费者已经认识到线上购买酒精饮料的便利性，并且这种在线购物的体验和便利随着电商酒类销售的发展，酒精饮料行业已经从"渠道为王"时代发展到"流量为王"时代。

二、透明度与健康化

近年来，由于消费者健康意识的增强，千禧一代、Z世代等新世代消费者正在寻找饮酒时减少糖和能量的解决方案。消费者希望有更多的即饮型酒精饮料选择。这些低热量、低酒精度的酒精饮料，被贴上了健身饮料的标签。

三、可持续

消费者希望通过日常行动对环境产生积极影响，这也成为消费者购买可持续生产的产品的关键原因。消费者越来越意识到自己对环境的集体影响。

四、消费趋势高端化

酒精饮料品类发展迅速，随之而来的是酒精饮料行业竞争的加剧。因此，对创新和独特性的需求比以往任何时候都更加迫切。酒精饮料品类正在走向高端发展趋势。而随着中国市场消费升级，高端化趋势将会持续，更多消费者将追求多元化、高品质的选择。

（来源：酒精饮料发展新趋势［OL］．腾讯网，2022-06-22.）

第三节　邮轮饮酒文化

案例导入

随着社会的发展，人们对于醉酒的容忍度越来越低。进入19世纪后，英国海军的朗姆酒配给量日益减少，只剩下原来的四分之一。烈酒在海军中的退出无可厚非，因为人们为海洋血脉偾张的大航海时代已经结束了，而烈酒也走进了千家万户，以其浓烈的口感成为许多爱好者的选择，成为日常饮品。有的种类升级为鸡尾酒的基酒，或被当作烘焙不可缺少的调味品等。

（来源：与航海相关的酒文化——大航海时代掀起的烈酒风潮！［OL］．搜狐网，2017-07-28.）

思考：酒文化是人类生活习俗的一种表现形式，在邮轮中，饮酒文化有哪些呢？

一、邮轮饮酒礼仪

西方人饮用葡萄酒，在品饮顺序上，讲究先喝白葡萄酒后喝红葡萄酒，先品较淡的酒再品浓郁的酒，先饮存放时间较短的酒再饮存放时间较长的酒，按照味觉变化的规律，逐渐深入地品鉴酒中风味的变化。葡萄酒器也是围绕着如何让爱好者充分享受葡萄酒的要求来选择的。

（一）斟酒与敬酒礼仪

在邮轮较为正式的场合，饮用酒水颇为讲究具体的程式。常见的饮酒程式之中，斟酒、祝酒、干杯应用得最多。

1. 斟酒

通常酒水应当在饮用前斟入酒杯。除主人与侍者外，其他宾客一般不宜自行为他人斟酒。侍者斟酒时宾客要道谢，如果男主人亲自斟酒，宾客则应该端起酒杯致谢，必要时，还需起身站立，女士以欠身点头为礼。

葡萄酒、香槟酒、白兰地、甜露酒等不宜斟满，只宜斟到酒杯容量的2/3处，其目的是使饮者在饮用时能让酒在杯中旋起来，使酒香充分地发挥出来。

每斟完一杯，要把酒瓶稍收后顺手往右轻轻一旋，以免酒水滴到桌面或宾客身上。如果同时准备了红酒和白酒，请把两种酒瓶分放在桌子两端。绝对不要让宾客用同一个杯子喝两种酒，这是基本礼貌。一手拿烈酒，一手拿甜酒，一般先斟烈性酒。如果宾客不要烈性酒，就改斟甜酒。斟酒时，酒杯应放在餐桌上，酒瓶不要碰到杯口。拿酒杯的姿势因酒杯不同而有所不同。高脚酒杯应以手指捏住杯腿，短脚酒杯则应用手掌托住酒杯。

2. 敬酒

敬酒也称祝酒，往往是宴会上不可少的程式。敬酒时，主人一般都会说祝酒词。在他人敬酒或致辞时，其他在场者应一律停止用餐或饮酒。

（二）干杯礼仪

在邮轮正式晚宴中，干杯时，需要有人率先提议。提议者应起身站立，右手端起酒杯，或用右手拿起酒杯后，以左手托扶其杯底，面带微笑，真诚地面对他人。在主人提议干杯后，即使滴酒不沾，也要起身，拿起酒杯，以示对主人的尊敬。

还有一点要注意：在邮轮的宴会上干杯时，人们只是祝酒不劝酒，只敬酒而不真正碰杯。使用玻璃杯时，尤其不能碰杯。在西式宴会上，宾客不允许随便走下自己的座位，越过他人之身，与相距较远者祝酒干杯，尤其是交叉干杯，更不允许。

（三）酒具使用礼仪

1. 葡萄酒杯

无论是要品尝适合在常温下饮用的红酒，还是适合冰镇后饮用的白酒，都是以握住杯脚的方式来持杯。若用手握住杯身，手的温度将使葡萄酒变温。

2. 白兰地酒杯

呈气球形，用手掌由下往上包住杯身，手的温度将传导到酒中而适度地引出酒的香醇。

3. 香槟杯笛杯、广口高脚杯

细细长长、像长笛形状的笛杯，最能将香槟的气泡漂亮地展示出来。而扁平状的广口高脚杯，多用在干杯的时候。两种杯子的持法和葡萄酒杯相同，都是握住杯脚。如果碰到杯脚较长的情况，握住杯脚的最上方会比较容易饮用。

（四）其他礼仪

（1）西方人喝不喝酒、喝多少酒往往随个人的情绪而定，所以，邮轮西餐桌上，应尽量做到不劝酒。即使劝酒，也应当点到为止。

（2）如不会饮酒，不必勉为其难，主动、客气地向主人说明原因，一般都会得到主人的体谅，有时出于宴会礼节的需要，可让酒吧的服务生在自己的杯子里斟上一点酒，但只用嘴唇碰杯沿，不饮酒，就不会有人再来添酒了。

（3）干杯应由男主人提议，并请宾客们共同举杯，向在座者说些祝福的话，不要忘掉了任何一位。宾客一般不宜提议为主人干杯，以免喧宾夺主；女士也不应当提议为男士干杯。

（4）干杯时如果宾客较多，不必一一碰杯，举杯的同时用眼神示意一下即可。

（5）与他人干杯，不要交叉干杯，否则会形成十字形，触犯西方人的忌讳。

（6）在餐桌上闹酒、高声叫喊、猜拳行令，均属粗野、不文明行为，要坚决杜绝。

二、邮轮饮酒习惯

就像食材与调料的搭配需要精心考虑一样，酒类和食物的搭配也是邮轮饮酒习惯里的重头戏。虽然酒类有很多，但是在这里重点介绍有关葡萄酒的搭配。

（一）酒与食物搭配的原则

在邮轮上，葡萄酒与餐食搭配的基本原则是：红葡萄酒配红肉类食物，包括中餐中加酱油的食物；白葡萄酒配海鲜及白肉类食物。

1. 酒不可以喧宾夺主

从来都说"酒配菜"，没听说过"菜配酒"。所以，酒的味道不可以压过菜味。放一口菜在嘴里，再饮一口酒，如果感觉不到菜的味道了，那么这款酒就不适宜了。酒与菜的关键是两者要相互补充。

2. 不可调和的因素切勿勉强结合

比如硬朗的红葡萄酒配鱼是很不恰当的，清淡的红、白葡萄酒配四川辣椒或香菜炒牛肉也是很蹩脚的。寻找一种相互补充的方式，比如干性粗纤维的鸡片与圆润丰厚的白葡萄酒，冲喉微辣的菜与丰厚浓香的桃红酒都是很好的搭配。

以白葡萄酒配白肉和海鲜，红葡萄酒配深色肉类为基础，参考味道之间的协调关系——请记住以下三点：咸味会增强酒的苦味，酸味会衬托出酒里的甜味，而腥味和辣味则可以中和酒的酸味。

（二）酒与食物搭配实例

总的来说，邮轮中色、香、味淡雅的酒品应与色调冷、香气雅、口味纯、较清淡的菜肴搭配，如头盘、鱼、海鲜类应配白葡萄酒（需冰镇）。香味浓郁的酒应与色调暖、香气浓、口味杂、较难消化的菜肴搭配，如肉类、禽类配红葡萄酒。另外，咸食选用干、酸型酒类，甜食选用甜型酒类。在难以确定时，则选用中性酒类。

1. 餐前酒

用餐前可选用具有开胃功能的酒品，如鸡尾酒和软饮料等。

2. 汤类

一般不用酒。如需要可配较深色的雪利葡萄酒或白葡萄酒。

3. 头盘

头盘大都是较清淡、易消化的食品，可选用低度、干型的白葡萄酒。

4. 海鲜

选用干白葡萄酒、玫瑰露酒，在喝前一般需冰镇。一般来说，红葡萄酒不与鱼类、海鲜类菜肴相配饮。

5. 肉、禽类

选用酒精度为 12～16 度的干红葡萄酒。其中小牛肉、猪肉、鸡肉等白色肉类最好用酒精度不太高的干红葡萄酒，牛肉、羊肉、火鸡等红色、味浓、难以消化的肉类，则最好用酒度较高的红葡萄酒。

6. 奶酪类

食用奶酪时一般配较甜的葡萄酒，也可继续使用配主菜的酒品。

7. 甜食类

选用甜葡萄酒或葡萄汽酒。

8. 餐后酒

用餐完后，可选用甜食酒、蒸馏酒和利乔酒等酒品，也可选用白兰地、爱尔兰咖啡等。香槟酒则在任何时候都可配任何菜肴饮用。

（三）酒与食物的具体搭配举例

1. 奶酪

总的来说，色泽较浅的干奶酪适合搭配干型的白葡萄酒，比如霞多丽（Chardonnay），而色泽较深的奶酪，如蓝纹乳酪（Blue Cheese）和古冈佐拉奶酪（Gorgonzola Cheese）则比较适合搭配赤霞珠（Cabernet Sauvignon）这种酒体比较饱满的红葡萄酒。这种相近的搭配可以让葡萄酒中的酸度更好地平衡奶酪带来的油腻感。

2. 小虾

吃小虾的时候可以搭配一瓶普洛赛克（Prosecco）。普洛赛克酒体轻盈，口感爽脆，能够很好地突出小虾和炸蟹角等海鲜类食物的鲜味。特别需要注意的是，冰镇过后的普洛赛克饮用效果更佳。

3. 橄榄

橄榄和葡萄酒有着密切的关系。实际上，许多酒庄在种植葡萄树的同时还会种植不少橄榄树。和奶酪一样，橄榄的种类繁多。总体而言，味道更重的橄榄适合搭配口感丰富的红葡萄酒，如仙粉黛（Zinfandel）和梅洛（Merlot）。而颜色较浅、风味较淡的青橄榄，如来自意大利的卡斯特尔韦特拉诺（Castelvetrano）橄榄，就比较适合搭配酒体比较轻盈的白葡萄酒。

4. 黑巧克力

香浓可口的黑巧克力是许多人的心头好，其入口即化的丝滑口感常常令人欲罢不能。在葡萄酒的搭配方面，黑巧克力非常适合搭配赤霞珠或者黑皮诺（Pinot Noir）食用。这是因为酒中的单宁可以很好地平衡黑巧克力带来的苦涩感，并突出果味。

5. 水果

一般情况下，干果或者新鲜的水果都可以与葡萄酒进行搭配，比如无花果、芒果、菠萝、草莓和其他浆果。这个时候，一款甜度稍高的香槟或者白起泡酒都是很好的选择。此外，也可以选择一些酒体相对没有那么饱满的红葡萄酒进行搭配，比如博若莱（Beaujolais）红葡萄酒或者基安帝（Chianti）红葡萄酒。

6. 墨西哥胡椒培根卷

菜如其名，这道小吃具有辛辣浓郁的风味，比较适合搭配饱满强劲的赤霞珠红葡萄酒。这是因为赤霞珠能够衬托出培根的风味，并能降低胡椒的浓郁度及刺激程度。看来，门当户对在餐饮搭配中也是不无道理的。

7. 新鲜烤面包

总的来说，烤面包比较容易搭配，一般的干红或者干白都可以尝试。但是要注意避开甜酒或者起泡酒这些雷区，这是因为以上这些葡萄酒会掩盖烤面包本身的香气和风味。

（四）酒与食物搭配禁忌

1. 忌红葡萄酒与海鲜为伍

红葡萄酒配红肉符合烹调学自身的规则，葡萄酒中的单宁与红肉中的蛋白质相结合，使消化几乎立即开始。尽管新鲜的大马哈鱼、剑鱼或金枪鱼由于富含天然油脂，能够与体量轻盈的红葡萄酒搭配良好，但红葡萄酒与某些海鲜相搭配时，比如多弗尔油鳎鱼片，高含量的单宁会严重破坏海鲜的口味，葡萄酒自身甚至也会带上令人讨厌的金属味。白葡萄酒配白肉类菜肴或海鲜也是通用的好建议。一些白葡萄酒的口味也许会被牛肉或羊肉所掩盖，但它们为板鱼、虾、龙虾或烤鸡胸脯佐餐都会将美味推到极高的境界。

2. 忌有醋相伴

各种沙拉通常不会对葡萄酒的风格产生影响，但如果其中拌了醋，则会钝化口腔的感受，使葡萄酒失去活力，口味变得呆滞平淡。柠檬水是好的选择，这是因为其中的柠檬酸与葡萄酒能够协调一致。奶酪和葡萄酒是天生的理想组合，只需注意不要将辛辣的奶酪与体量轻盈的葡萄酒相搭配，反之亦然。

三、饮酒文化差异

在人类生活史上，酒一直占有重要的地位。由于生活环境、历史背景、传统习俗、价值观念、思维模式和社会规范等的不同，东西方的酒文化呈现出风格迥异、丰富多彩的民族特性，在邮轮中也是如此。下文将从酒文化的起源、酒的原料、酒的文化载体、酒的器具、饮酒习俗五个方面介绍邮轮饮酒文化差异。

（一）酒文化的起源不同

1. 中国酒文化的起源

中国酒的起源，史书中有多处记录，形成了几种流传较广的说法。有人认为是仪狄酿酒。公元前二世纪史书《吕氏春秋》云："仪狄作酒。"汉代刘向编辑的《战国策》则进一步说明："昔者，帝女令仪狄作酒而美，进之禹，禹饮而甘之。"有人认为是杜康酿酒。东汉《说文解字》中解释"酒"字的条目中有："杜康作秫酒。"《世本》也有同样的说法。

2. 西方酒文化的起源

西方则没有明确的历史记载。据传，酿酒在西方首先出现在波斯，后来传到了当时希腊的克里特岛，然后才传到了法国等地。在西方，酒的产生有着美丽的传说：据说，有一位古波斯国王，把吃不完的葡萄藏在密封的瓶中，并写上"毒药"的字眼，以防他人偷吃。国王日理万机，很快便把这忘记了。这时有位妃子被打入冷宫，生不如死。凑巧看到这写有"毒药"的瓶子，便有轻生之念。打开后，里面颜色古怪的液体也很像毒药，她就喝了几口，在等死的时候发觉不但不痛苦，反而有种舒恬陶醉的飘飘欲仙之感。于是她将这事呈报国王，国王大为惊奇，一试之下果不其然。这当然是个美丽的传说，但葡萄酒的发现的确给人类带来了享受。

（二）酒的原料不同

1. 中国酒的原料

最初，中国的酒是由果品等酿成的甜酒。《黄帝内经·素问》中记载了黄帝与岐伯讨论酿酒，提到一种古老的酒——醴酪，是用动物的乳汁酿成的甜酒。《诗经·风·七月》记载："六月食郁及薁，七月亨葵及菽。八月剥枣，十月获稻。为此春酒，以介眉寿。"讲的是酿酒所用的原料：如棠棣、芹菜、山枣、豆类、稻类、黑黍和稷等。后来，逐渐产生用粮食酿造的白酒，无论口感还是香味，都要比甜酒好得多，于是粮食酿酒成为主流。如今，谈到中国的酒，指的主要是白酒。

2. 西方酒的原料

西方的酒，一开始是用大麦酿造的，后来，他们才知道葡萄可以酿酒，而且酿造出来的酒，更加甜美香醇，让人沉醉。葡萄酒就逐渐成了西方的主流。如今，谈到西方的酒，主要指的是以葡萄为原料酿造的香槟、白兰地等酒。

（三）酒的文化载体不同

1. 中国酒的文化载体

在中国，酒文化主要是采用了诗歌这种文化载体。中国诗歌中飘着酒香，诗与酒的结合，使诗具有了酒的灵性，使酒具有了诗的含蓄。诗酒文化逐渐发扬光大。这些作品中不论是对尘世生活的超越，还是对人生不得意的超越，都飘逸着一种酒仙气质。中国人讲究天人合一，饮酒也不例外。要想获得那种飘飘然如仙般的感觉，仅仅有酒是不够的，还必须有理想的饮酒环境，让自己置身于大自然的怀抱中，酒才会把人推向云端。

2. 西方酒的文化载体

在西方，酒文化主要是采用音乐这个载体。希腊在每年葡萄成熟的时候整个民族都载歌载舞，尽一切可能利用音乐来宣泄心中的激情。整个狂欢季节音乐与酒激荡飞扬，酒中融有音乐，音乐中弥漫着酒香，激扬的鼓点、香浓的醇酒永远是希腊文化中一幅亮丽的图景。酒神狄奥尼索斯象征情欲的放纵，代表着醉境，代表着音乐艺术的兴奋。因此酒与音乐自然而然地结合了起来。

有酒的地方便有音乐，无论是狂躁的摇滚还是慵懒的爵士，抑或是悠扬的夜曲，都成为酒最好的催化剂。乐与酒的结合使音乐带有了酒的迷醉，使酒带有了音乐的梦幻。酒与乐的结合使西方酒文化充满了神秘色彩。

（四）酒的器具不同

1. 中国酒器

中国酒器以青铜器、漆器和瓷器为主。中国酒器以外形优美、装饰华丽著称，而且中国酒器大多都是成套出现的，其中最典型的就是商周时期的青铜器。青铜器中的煮酒器、盛酒器、饮酒器、贮酒器、礼器一应俱全，就像现在的茶具一样。后来的漆器、瓷器上的花纹也十分美丽动人。另外还有一些很奇特的酒器，如夜光杯、倒流壶、鸳鸯转香壶、九龙公道壶、渎山大玉海等。在现代，中国大多数家庭使用的酒具都是瓷器（图4-15）或西洋酒器。

2. 西方酒器

西方的酒器大多数是玻璃制品，讲究透明，这样才能观察出酒的档次高低。西方酒器轻巧方便，现在已被大多数国家使用。西方人注重喝不同酒用不同的酒具。一般一套完整的酒具应包括一只酒樽、一套水杯、一套香槟杯、一套白葡萄酒杯、一套烈性酒酒杯。至今较受欧洲人欢迎的酒杯还是纯净剔透的水晶杯（图4-16）。

图4-15　中国瓷器

图4-16　水晶杯

（五）饮酒习俗不同

1. 中国饮酒习俗

中国人通常在节日里呼朋唤友，开怀畅饮。在一些地方，如江西民间，春季插完禾苗后，人们要欢聚饮酒，庆贺丰收时更要饮酒。还有很多少数民族有独特的饮酒习惯。

2. 西方饮酒习俗

在西方，不同的国家有不同的酒俗。美国人在喝烈酒时习惯加冰块或者掺冰水；在澳大地亚，大部分人在下午6时后，才开始喝酒；在加拿大，则因地方的不同而有不同的规定，如魁北克进餐时饮酒是被允许的，在法国，越是好酒越需要细品慢饮；在俄罗斯，人们习惯豪饮烈酒。

知识拓展

美国饮品加冰文化的历史起源

中西文化碰撞在饮品上体现得最为典型的莫过于美国人的加冰文化，那么为什么美国人如此喜欢冰？如今，美国人生活似乎已离不开冰块，冰也是很重要的消费品，餐馆里也几乎都是冰水，没有热水。其实，美国人对冰块的喜爱也是颇有渊源的。这要从19世纪的美国南方说起。当时的美国北方雨水霜雪多，北方人都有储藏冰块供全年使用的习惯，但美国南方却终年高温少雨，对南方人来说，冰块可是稀罕物。

有个聪明的商人从中嗅到了商机——如能将北方的冰块搬到南方，或许就可转化为一大笔财富。

果然，当好用又好吃的冰块运到美国南方时，立刻便让南方人为之一振，相见恨晚。于是，为扩大冰块的需求量，这位聪明的商人又对冰块的功能做了进一步包装。商业宣传的狂轰滥炸，让美国人渐渐养成了发烧用冰块、感冒喝冰水、受伤了冰敷止血的习惯，甚至出现了坐月子也不忘嚼冰块的奇观。至于在饮品中加冰块，自然已是美国人再寻常不过的习惯了。

（来源：说出来你也许不信——冰块才是美国茶文化的精髓［OL］.搜狐网，2020-12-09.）

本章小结

本章主要讲解了邮轮酒吧的主要分类、邮轮酒吧主要岗位职责与工作内容、邮轮酒吧内的酒水，重点介绍了邮轮酒水分类和产地、酒精饮料及非酒精饮料的相关知识、邮轮饮酒习惯及饮酒礼仪，其中穿插案例和拓展知识，能够让学生系统直观地了解邮轮酒吧文化的内容。

实践实训

实训一

分为若干实训小组，通过查阅相关图书或网络资料，了解不同邮轮公司酒吧的主题、布局、服务项目、招牌酒水等内容。

实训二

分组讨论调研结果，形成调研报告并以小组为单位将结果做成PPT，在课堂上与其他小组分享交流。

知识检测

1. 邮轮酒吧的岗位职责有哪些？
2. 请举例并阐述邮轮酒吧中酒精饮料和非酒精饮料的种类。
3. 请阐述邮轮鸡尾酒文化有哪些要点。
4. 邮轮中主要酒水的产地有哪些？
5. 酒和食物搭配的原则有哪些？
6. 请说明中西方饮酒礼仪的差异。

第五章　邮轮娱乐文化

🎯 学习目标

▶ **能力目标**

1. 能够正确介绍邮轮上的娱乐项目。
2. 能够结合邮轮娱乐项目介绍娱乐文化。

▶ **知识目标**

1. 了解邮轮娱乐文化的主要内容及突出特性。
2. 熟悉邮轮主要娱乐文化及剧院表演文化。
3. 掌握邮轮音乐文化及邮轮上乐队的种类与风格。

▶ **素质目标**

1. 通过对邮轮剧场礼仪的学习，提高学生形象管理和礼仪技巧，引导学生遵循公序良俗，倡导营造和谐的交流氛围，使用文明的表达方式。
2. 通过对邮轮娱乐文化基本知识的学习，培养学生热爱邮轮行业和尽职敬业的精神，增强学生跨文化交际的能力。

🔄 章节导读

邮轮旅行最吸引人的地方不仅仅是旅途中一望无际的海景，更多的是其独具特色的娱乐活动。邮轮娱乐已经走过了漫长的道路，从最初只有简单的健身设施、泳池、日光浴，到今天各大邮轮公司在娱乐方面的百花齐放，娱乐项目一应俱全，宾客在邮轮上随时可以感受到一种开放的邮轮娱乐文化。那么，邮轮娱乐项目是怎么设置的？都有哪些分类？娱乐文化又是什么？本章我们将从邮轮娱乐文化的界定、邮轮主要娱乐文化和邮轮其他娱乐活动文化三个方面逐一阐述。

第一节　邮轮娱乐文化的界定

案例导入

皇家加勒比以前沿科技和市场洞察为依托，对"海洋光谱号"上的娱乐设施进行了突破和升级：其标志性设施"南极球"，通过 VR 体感游戏模拟穿越地心的冒险之旅；"镭射对决：Z 星球之战"令人置身于科幻世界的激光对战；270 度景观厅内的

AR游戏"探秘270",带来融合岛屿探险和宝物收集等趣味元素的全新体验;"明星时刻"卡拉OK包厢,供亲朋好友齐聚欢歌;世界最大海上室内运动场馆(SeaPlex)提供源自世界各国的运动体验。一系列高科技游戏、互动体验、运动设施,以及同期推出的三场全新高水准娱乐大秀,无论是在邮轮上还是岸上都十分罕见。

(来源:皇家加勒比在中国部署第三艘全新邮轮"海洋光谱号"[N]新华社新媒体,2019-06-06.)

思考:邮轮娱乐文化包含哪些内容?都有哪些突出特征呢?

邮轮最大的特点就在于悠闲浪漫与自主性强,每天都安排数十项娱乐休闲节目,包括大型的歌舞表演,宾客们从睁开眼开始,一直到子夜时分,人人都可以找到适合自己的娱乐活动,如游泳、水流按摩浴、慢跑、健身、迷你高尔夫、迪斯科派对、舞蹈课程、图书馆阅读、免税店购物、观看歌舞剧表演、蹦极、甲板冲浪等,让人流连忘返、意犹未尽,这就是邮轮娱乐文化的魅力。那么,邮轮娱乐文化到底是什么呢?

一、娱乐文化认知

(一)娱乐文化的定义

娱乐虽然是人的一种常规活动,但又有着重要的文化性。娱乐是人类社会活动的内容之一,娱乐与其他社会因素交织在一起逐渐形成一种文化现象,即娱乐文化。娱乐文化是感觉结构的丰富载体,象征着一个时期的快乐配置状态,通俗来说它是人们在工作之余从事的一种以放松身心、增加生活情趣为目的的活动文化。

(二)娱乐文化的分类

人类文化行为的丰富性、多样性与创造性,成就了娱乐的不同文化形态。早在19世纪德国哲学家叔本华在其《幸福论》中就提出,从生理的角度可以把娱乐分为三种形态,因此,娱乐文化相应被分为三类:

一是与人们的生理性需要有关的娱乐文化,即为满足饮食、睡眠等直接的生理需求进行的追求快感本能的娱乐文化;

二是寻求体力刺激的娱乐文化,包括散步、远足、舞蹈、击剑、骑马、狩猎、运动竞技等通过身体性刺激得到享受的娱乐文化;

三是认知过程中的娱乐文化,也可叫作精神感受性的娱乐文化,通过思考、冥想、审美、鉴赏、作诗、绘画、读书、静观等获得灵魂的宁静与喜悦的娱乐文化。

二、邮轮娱乐文化认知

(一)邮轮娱乐文化的内涵

娱乐文化是邮轮文化非常重要的一环,具体表现在邮轮娱乐活动的提供者与接受者之间,以及他们与外界的交互关系中。

随着邮轮设计、建造技术进步以及宾客生活、休闲、审美水平提高,娱乐文化的内涵不断扩展,逐渐发展为涵盖观演、购物、娱乐、消遣、运动等多样化活动的功能性文化综合体。如今,与邮轮娱乐文化相关的娱乐项目是否齐全、设施是否完善、服务是否周到等已成为邮轮宾客满意度的衡量标准以及邮轮整体形象的标志。

(二)邮轮娱乐文化的突出特征

由于邮轮娱乐活动的多样性,参与主体观念与感受的不稳定性等,邮轮娱乐文化表现出其独有的特点。

1. 身心愉悦性

数量巨大、类型繁多的邮轮娱乐活动的产生初衷是避免宾客在漫长的邮轮假期中感到枯燥无趣,所以邮轮不仅需要具备陆地酒店的基本功能,还要提供各种形式的具有丰富文化创意的娱乐活动,让各种类型的宾客都能找到感兴趣的娱乐活动并参与其中,在情绪上感到快乐,身体上得到放松,不断产生愉悦、舒适、兴奋的感觉,并不断激发邮轮宾客对于邮轮生活的美好向往。

2. 广泛的参与性

邮轮上的各种娱乐活动和设施应有尽有,登上邮轮后即使没有导游,每个宾客也都可自行参考邮轮的每日活动指南来决定是否参与邮轮安排的娱乐活动。邮轮提供的娱乐活动大部分免费,费用包含在船票里,若有收费项目也会额外说明,因此,宾客可以毫无负担地根据个人兴趣自由选择是否参与。邮轮参与性娱乐活动的类型多样且极具趣味性,常见的有互动游戏、KTV、歌舞派对、户外活动等,这些多姿多彩的娱乐项目为宾客带来了丰富的邮轮参与体验。

3. 强调互动性的沉浸式娱乐体验

大型豪华邮轮将无与伦比的娱乐体验引入沉浸式表演,甚至将舞台延伸至观众之中,通过宾客与一线员工(包括艺人等)互动,以及宾客与宾客之间的接触作为关键元素锻造成功的互动性的沉浸式邮轮娱乐体验,同时不断为宾客提供印象深刻的沉浸式娱乐活动,比如大型互动游戏、极限运动和剧场表演等,让宾客沉浸其中,暂时忘记日常生活与工作的压力、复杂的人际交往以及其他各种烦恼,从而获得精神上的解脱。

由此可知,邮轮娱乐文化具有一定的多样性,除此之外,让宾客意"游"未尽的邮轮娱乐文化主要有哪些呢?下一节将着重介绍邮轮主要娱乐文化。

第二节 邮轮主要娱乐文化

案例导入

邮轮娱乐活动的竞争十分激烈,有实力的邮轮公司会请明星大腕到邮轮上演出,或者雇佣专业的百老汇剧团演出,还有其他大大小小的精彩演出遍布邮轮的各个角落,如本·墨菲(Ben Murphy),不但表演让人惊奇的魔术,还跟观众频频互动,气氛非常热烈。

(来源:刘淄楠.《大洋上的绿洲:中国邮轮这10年》[M].北京:作家出版社,2019.)

思考:邮轮娱乐活动丰富多彩,那么邮轮主要娱乐文化又大致有哪些分类呢?最吸引宾客的活动会是什么?

一、邮轮剧院表演文化

邮轮娱乐活动十分丰富，其中到剧院观看表演是深受欢迎的内容之一。剧院表演曾经是邮轮娱乐文化的薄弱环节，如今非常有专业水准，是几乎每个豪华邮轮的主打强项，力求满足不同年龄和职业观众的文化娱乐需求。目前邮轮上的剧院演出主要分为两类：一是由内部歌舞艺术团队所表演的节目，被称为自创演出（Production Show）；二是在外部聘请的专业喜剧演员、魔术师、乐师等所表演的节目，被称为特邀嘉宾演出（Headliner Show）。

（一）邮轮自创演出

1. 邮轮自创演出主要来源

邮轮上的歌舞表演主要来源于纽约百老汇、伦敦西区和巴黎红磨坊，这三大世界级的文化娱乐场所是歌舞剧的殿堂代表，尤其是百老汇，出众的演员、不凡的编曲、专业的舞美、演职人员共同的努力与投入，让百老汇风格的演出成为世界超群的标识。

2. 邮轮自创演出剧目

百老汇等歌舞剧表演至今都是各邮轮大剧院每晚的压轴秀。那么，各大邮轮公司都有哪些自创演出经典呢？以下以皇家加勒比游轮公司和迪士尼邮轮公司为例，介绍八个自创经典剧目。

（1）《猫》（Cats）：皇家加勒比"海洋绿洲号"上的自创经典剧目《猫》改编自百老汇同名音乐剧。它讲述了午夜时分，月色下的一个垃圾场里，一群叫作"杰里科猫"的猫们举办了一年一度的杰里科舞会，猫族领袖老杜特洛诺米将在这个舞会上选出一只猫，登上猫族的天堂——九重天，并获得重生，最终决定会在黎明来临之前作出。等待的猫们随着音乐跳舞唱歌，讲述猫族里那些"风云人物"的过去和今天，从而争取获得重生资格。黎明来临，老杜特洛诺米将杰里科猫们召集到一起，发布他的决定，选取那只获得重生的猫。

（2）《油脂》（Grease）：皇家加勒比"海洋交响号"和"海洋独立号"上的自创经典剧目《油脂》改编自百老汇同名音乐剧。它以一对高中生恋人的故事，带来一场场精彩变幻的狂歌热舞，重拾70年代放情高歌、陶醉生活的欢乐情怀。剧中永恒的青春与情爱话题唤醒了一颗又一颗沉没在现实生活中的心灵。除爱情故事外，代际间的文化冲突、青年小团体与主流社会的碰撞、主角产生的彷徨心态与反抗行动，在剧里也都有清晰的呈现，非常真实。

（3）《发胶星梦》（Hairspray）：百老汇同名音乐剧《发胶星梦》于2009年首次被搬上皇家加勒比"海洋绿洲号"。目前皇家加勒比将娱乐体验与沉浸式表演相结合，为《发胶星梦》加入全新元素，重返"海洋交响号"皇家剧院舞台。该剧以60年代中期的美国城市巴尔的摩为背景，描述了16岁的女主人公特雷西的故事。她是个又矮又胖的女孩，人生的最大梦想是在考尼柯林斯的电视节目上跳舞。她后来破除了重重阻碍，终获成功。她勇于追梦的精神，感染了周围的人，也为自己和妈妈的生活带来了意想不到的变化。音乐剧《发胶星梦》夸张的造型、宏大的场景和恰到好处的律动都让宾客欲罢不能。

（4）《妈妈咪呀》（Mama Mia）："皇家加勒比"海洋量子号"和"海洋魅丽号"

上的自创经典剧目《妈妈咪呀》改编自百老汇同名音乐剧，它是一个关于亲情、友情和爱情的故事。单身母亲唐娜带着女儿苏菲在风景宜人的希腊小岛上过着悠闲的日子。成人后的苏菲即将踏入婚姻的殿堂，她希望亲生父亲能够在婚礼时亲自将她的手递到新郎手中，目前母亲却丝毫没有透露父亲的消息。苏菲偷看了唐娜的日记和信件，发现了三个有可能是父亲的男人，并向这三人发出了邀请。与此同时，唐娜八年未见的死党罗茜与坦娅也及时赶到。三个老男人、三个老女人、一个待嫁女，一场混乱搞笑的寻亲故事由此展开。整部剧宣扬了一种感性和自由，给观众带来满溢的幸福感。超级天团阿巴（ABBA）22 首脍炙人口的经典金曲贯穿全剧，将欢乐的人生态度传递给每一位观众。

（5）《周末夜狂热》（Saturday Fever）：皇家加勒比"海洋自主号"上的自创经典剧目《周末夜狂热》来自百老汇同名音乐剧。剧中 19 岁的意大利移民后裔托尼·曼内罗是布鲁克林区"2001 年浪游"夜总会有名的舞王，他和他的朋友们活着就是为了在周六夜晚狂舞。后来，他结识了女秘书斯蒂芬妮，斯蒂芬妮一心要离开布鲁克林区往上爬，虽然她挖苦托尼鼠目寸光，但还是同意托尼的要求，做他跳舞比赛时的舞伴。托尼和斯蒂芬妮在跳舞比赛中获得冠军，但托尼认为裁判不公，主动把头奖让给了波多黎各来的一对舞者。最后，斯蒂芬妮如愿离开了布鲁克林，到了曼哈顿，托尼到曼哈顿去找她，希望做她的男朋友，并开始一种新的生活。

（6）《芝加哥》（Chicago）：皇家加勒比"海洋魅丽号"上的自创经典剧目《芝加哥》源于百老汇同名音乐剧。在《芝加哥》中，"综艺秀"成为人生的隐喻。谋杀、出轨、暴力等带有暗黑色彩的行为作为综艺秀中的节目依次登场，以浮华的歌舞形式演绎出一个黑白颠倒的世界。普通看客将犯罪之人当作娱乐明星追捧，司法的公正性、案件的真相被整个社会抛诸脑后。当演出进入尾声，台上的角色向观众嬉笑着说出"感谢你们相信我们的无辜"时，黑色幽默被发挥到极致，同时激发了观众对社会的思考。

（7）《阿拉丁》（Aladdin）：老少咸宜、童真梦幻的《阿拉丁》是"迪士尼幻想号"合家欢的童话歌舞剧，剧场华丽，布景精致，改编自迪士尼最新百老汇音乐剧《阿拉丁》。剧中，在充满异域风情的古代阿拉伯王国阿格拉巴，穷小子阿拉丁和茉莉公主浪漫邂逅。阿拉丁受巫师的逼迫，前往魔窟中盗取神灯，无意中召唤出可以满足人三个愿望的灯神。在灯神的帮助下，阿拉丁与不甘接受命运安排的茉莉公主，共同打败了窃国的巫师，保卫了国家，有情人终成眷属。《阿拉丁》把邮轮上的宾客带入一个充满异国情调的世界，演员们用美妙的歌喉和音乐，加上动人的歌词，营造了一个亦真亦幻、魔幻瑰丽的世界。

（8）《冰雪奇缘》（Frozen）："迪士尼奇迹号"上的自创经典剧目《冰雪奇缘》改编自百老汇的同名音乐剧。全新舞台剧版《冰雪奇缘》的故事以正义与邪恶的斗争为线索展开，寓意深刻，情节紧张，曲折动人，想象奇特，引人入胜。剧中的"冰雪王国"是一个神秘奇幻的世界，有会说人话的动物、巨人、大眼怪、巨龙、树精、地精和人鱼，有善良的半人马和驯鹿，还有伟大的太阳神阿波罗。在它们的帮助下，艾莎、安娜和伙伴们通过英勇的冒险和战斗，一次次战胜邪恶，保卫了这个神奇而充满欢乐的国度。

（二）特邀嘉宾演出

特邀嘉宾演出有杂技、魔术、演唱、喜剧表演等。他们一般上船短期演出，少部分邮轮公司的特邀嘉宾可能会有长期的驻船演出。

1. 脱口秀或喜剧表演

让人捧腹大笑的喜剧或者脱口秀，往往由喜剧演员在邮轮的主剧场、次剧场、酒吧或者喜剧俱乐部（图5-1）等场所表演。采用"老少皆宜"素材演出的喜剧演员最受欢迎，他们大都可以全年在邮轮上工作，并享受良好的住宿条件，还可能每隔几天就从一艘船到另一艘船开展巡回演出。在一些年轻宾客较多的邮轮上，也会有"仅限成年人"的深夜喜剧演出。有些喜剧演员非常有名，一般只在顶级喜剧俱乐部和深夜脱口秀节目表演，通常来自拉斯维加斯或纽约。不过，并不是所有的船只都安排喜剧或脱口秀表演，小型船只和那些载有许多非英语宾客的船只往往只安排杂技和无声喜剧。

图5-1 "海洋绿洲号"喜剧俱乐部

2. 杂技表演

杂技演员通常是一组在邮轮短期演出的非常有名的特邀嘉宾组合，像皇家加勒比"海洋光谱号"上的乌克兰杂技演员铂金舞蹈（Gold Art Duo）组合，他们能做大型专场演出，还会与魔术、歌舞以及其他表演混搭起来，创造令人惊叹的效果。如"地中海鸿图号"（MSC Grandiosa）与太阳马戏团合作，独家定制了两部全新原创剧目《星河旅程》（COSMOS）和《遇见未知》（EXENTRICKS），同时推出一场前所未有的杂技表演姜绳（Ginger Rope），令人大开眼界。

3. 魔术表演

各大邮轮的剧院每天晚上会上演各种各样的表演，其中最让人惊心动魄的就是魔术表演，它往往糅合多项精湛的舞台表演，演出团队包括国际知名的魔术师、舞团以及乐师，他们通过迷人的梦幻般的视觉效果共同为宾客上演一场惊艳绝伦的奇幻秀，并不时与观众互动。例如公主邮轮上的专属魔术秀（Magic To Do），宾客们会有机会欣赏到斯蒂芬·施华茨（Stephen Schwartz）创作的独家节目，作为热门音乐《邪恶》（Wicked）的作曲家，他结合音乐和魔术的形式，创造出了充满幻想的奇幻魔术音乐剧，让人瞬间眼前一亮。

4. 宾客才艺表演

热衷表演又多才多艺的宾客可以在确定行程之后、上船之前报名参加邮轮才艺表演，在众多可供选择的活动中参加邮轮上的合唱团、快闪舞活动和卡拉OK比赛等。一些邮轮公司，如公主邮轮甚至与流行的电视节目《美国好声音》合作，带领宾客进行一场"海上好声音"的歌唱比赛。报名参加的宾客首先通过盲试镜，参加导师会议，然后被精选进一个决赛队伍，经过为期一周的专业训练和指导，最后上演一场大型舞台秀。

5. 船员才艺表演

一般航线相对较长的邮轮会在行程中安排一次船员才艺表演，届时船员们自编自导自演，也会邀请宾客上台一起互动。当然，并不只是娱乐部员工有机会给宾客表演，自认为有天分又有表演欲望的船员都可以通过员工才艺选拔赛报名，经过排练后都可以在每次航程的船员才艺秀中大展风采，这对宾客来说是一个难得的欣赏邮轮上船员才艺的机会。

（三）剧场礼仪

在剧院观看表演时，遵守观赏礼仪，是对表演者以及其他宾客最起码的尊重。

1. 基本礼仪

（1）准时或提前到达。到剧院看演出，节目开始前15分钟到达为最佳。

（2）保持安静。在演出过程中不要交头接耳。

（3）不要使用手机。在开演前调至静音或者振动；观看表演时既不能接打电话，也不要使用手机。

（4）不要跟着唱歌。尽量不要跟唱，除非是被演员邀请唱歌。

（5）出于版权保护，未经许可不能录音、录像或者拍照。

（6）远离过道。演出开始后，不要停在过道或剧院两侧寻找同伴，在观众过道上可能会挡住别人的视线，更不要因占用演员过道而影响表演。

（7）把哭泣的婴儿带出去。如果婴儿在表演中哭了，宾客又不能迅速让他们停下来，应尽快抱到剧院外面。

（8）不要中途离场。当演出结束后，演员们会重新登台向观众们谢幕，以表达对观众的谢意。作为观众也应以礼相待，向他们表示敬意和感谢，待演员谢幕退场后再按顺序退场。

2. 服装规范

在剧院等正式场合，通常会有服装规定，比如公主邮轮要求正式场合男士穿燕尾服、马甲或深色套装，女士着晚礼服长裙、鸡尾酒会礼服或者西服套装；皇家加勒比对正式场合的着装要求则比较宽松，只需要"穿上你最好的衣服（Dress your best）"。以下主要阐述观看剧场表演时的具体着装规范。

（1）女士服装规范：①长晚礼服：这款迷人的长款鸡尾酒礼服通常有多种颜色可供选择，包括黑色；它的高领和漂亮的裙摆细节，使这款简单的设计成为所有邮轮正装的赢家。②小黑裙（LBD，Little Black Dress）：这种讨人喜欢的铅笔式连衣裙，可以穿很多年，而且可以在正式场合或剧院看演出时穿。③吊带无袖连衣裙：正式晚礼服不必是传统的，一件飘逸的露背连衣裙搭配一个晚装包，也是非常适合的。④露肩晚礼服：这种华丽的鸡尾酒礼服是一个很好的选择，可以说适合大部分邮轮，从公主邮轮到名人游轮，再到嘉年华，都可以穿着去看演出。

（2）男士服装规范：男士在邮轮上的正式着装没有女士"复杂"，他们可以穿深色西装，甚至可以穿裤子和衬衫，特别推荐西装四件套，包括夹克、裤子、背心和领带，再选一件正装衬衫，加上合适的鞋子和皮带就可以随时准备去看演出，既现代又时尚，几乎适合所有的场合。

二、邮轮音乐文化

从音乐剧表演乐曲、常驻乐队在中庭演奏的流行音乐到钢琴酒吧、休息室里的古典四重奏或泳池边的加勒比音乐，邮轮把众多的音乐表演聚集在一起，把宾客们包围在这个既熟悉又陌生的音乐氛围中，使得音乐成为娱乐文化很重要的部分。目前，邮轮上主要的音乐文化包括邮轮乐队和邮轮流行音乐。

（一）邮轮乐队

邮轮到处都是各种类型的独奏艺术家和乐队。大型邮轮比小型邮轮有更多的现场表演乐队，大多数邮轮至少有一个乐队。大多数情况下，邮轮上的乐队分为两种。

1."传统"表演乐队

"传统"表演乐队通常是一个精简的爵士乐队，有一个圆号部分（通常由小号、一个或者两个萨克斯管和长号构成）和一个节奏部分（通常是钢琴、贝斯、鼓和吉他）。这种乐器阵容能使乐队很好地演奏标准的爵士乐。

2."现代"表演乐队

"现代"表演乐队一般出现在一些嘉年华邮轮和荷兰—美洲航线上，是美国电视节目《周六夜现场》中乐队的改编版。它由一个单一的萨克斯管和节奏部分（通常是钢琴、贝斯、鼓和吉他）组成（在荷美邮轮上往往加上第二个键盘），并且能够比"传统"表演乐队更容易演奏摇滚。

两种乐队都可能由不同国家或者不同风格的乐师构成。每家邮轮公司的产品定位不同，乐队组合需求也不同。一般会有3～5人的派对乐队（Party Band）、古典三重奏（Classic Trio）、古典二重奏（Classic Duo）、欧洲二重奏（European Duo）、亚洲二重奏（Asian Duo）等。

（二）邮轮流行音乐

在邮轮音乐文化的呈现上，除了邮轮乐队，通常以流行音乐为主。

1. 爵士乐

大型邮轮乐队的表演通常以爵士乐为中心，一般不表演摇滚，除非被特别要求，但小型邮轮的乐队可能会演奏所有的音乐，不管是不是爵士。邮轮上的爵士乐表演迎合了海上爵士乐队的旅游和流行文化形象，并成为高级流行音乐文化的标志。它有时候是传统的，会表演20世纪30年代和40年代的传统摇摆舞作品，如"缎面娃娃"（Satin Doll）、"不再四处走动"（Don't Get Around Much Anymore）和"坐火车"（Take A Train）等，观看演出的宾客也会适应这样的爵士乐风格。然而，乐师们往往更喜欢或更有兴趣表演 20 世纪 50 年代和 60 年代的爵士乐或 70 年代的爵士乐。

2. 交谊舞曲

交谊舞曲构成了邮轮乐队演奏的重要音乐剧目，一般在指定的舞厅表演。交谊舞厅包括乐队台和座位，以及观众和乐队之间的舞池。现代交谊舞曲充分反映了传统的交谊舞曲目——那些来自摇摆时代的流行音乐，但最新的舞曲也不会被排除在外，只要它们可以满足邮轮上舞者的要求。交谊舞曲的表演乐队可能是 DJ 乐队，也可能是现场乐队，这取决于所在邮轮本身，几乎每个邮轮都有交谊舞曲。例如公主邮轮舰队，就有一个专门的舞蹈音乐集，被称为公主舞蹈书，包含 155 个曲目，被灵活运用于整个舰队。

3. 摇滚乐

邮轮现场音乐很大一部分是流行摇滚乐。在邮轮上乐师不间断地现场即兴演奏时，摇滚乐总能营造一种高活力的氛围，那种响亮的曲调，近似节日的热闹氛围，着实让人迷恋。

4. 乡村音乐

近年来，乡村音乐主题越来越受欢迎，以一些特别的表演和一些大牌音乐明星的现场表演为特色，包括传统的和流行的乐曲。许多邮轮甚至把邮轮度假和乡村音乐结合起来，举办乡村音乐主题邮轮游，著名的乡村音乐乐师和来自全国各地的歌迷可以一起乘船参加这个沉浸式的乡村音乐之旅。这种邮轮游真正关注乡村音乐本身，并且有很多种方式让粉丝近距离接触他们最爱的歌手，从签名、问答，到歌曲创作工作坊、排舞（Line Dance）以及卡拉 OK，晚上还可以在主剧场欣赏他们的演出。

三、邮轮派对及其他相关活动文化

在一次包罗万象的邮轮度假中，如果想真正放松下来，看完舞台剧，听完现场音乐表演，还可以跟朋友家人一起参加各种派对或游戏，享受一个充满乐趣的夜晚。目前，邮轮派对及其他相关活动文化包括舞蹈派对、主题派对、互动游戏等。

（一）邮轮舞蹈派对文化

1. 邮轮常见舞蹈

近年来，交谊舞和拉丁舞——尤其是摇摆舞和萨尔萨舞等形式的舞蹈在邮轮上再度兴起，都是很受欢迎的舞蹈主题。这些往往会吸引专业舞者和新手舞者，他们希望沉浸在最喜欢的舞蹈风格中，也愿意尝试一些全新的舞蹈形式。在豪华邮轮上跳舞一直很受宾客欢迎，所以邮轮娱乐活动的一个新的重点是确保那些希望和喜欢跳舞的人在航程中有机会跳舞。同时，邮轮上也为不会跳舞的宾客提供免费的舞蹈课程，如水晶邮轮的免费团体舞蹈课程甚至为初级、中级和高级水平的宾客分别量身定制，同时也提供私人收费课程。

2. 舞蹈派对

大部分邮轮都会举办各种诱人的舞蹈派对。当夜幕降临，舞蹈爱好者们既可以到一个光彩夺目的舞厅尽情跳舞，还可以参加星空下的甲板舞蹈派对。迪斯科派对、爵士舞派对以及象排舞（Shuffle）这样的小型广场舞派对经常出现，邮轮上的交谊舞派对一直吸引着世界各地的爱好者，大型奢华邮轮往往有一个非常专业豪华的交谊舞舞厅（Ballroom）。

（二）邮轮主题派对文化

许多航程较长的邮轮都会举办各种主题派对，从嘉年华到各种怀旧派对，无论哪个年龄层次都可以找到一个适合自己的有趣休闲的派对。目前邮轮上的主题派对主要分为两种。

1. 年代派对

如果没有以年代为主题的派对，邮轮上的娱乐活动就不会完美。年代派对为宾客创造了很多选择，可以使其随时沉浸在怀旧风格中，从而在各种年代主题派对中找到乐趣。如今以20世纪80年代为主题的年代派对非常流行，可以让人有机会重温新浪潮音乐，如碰撞乐队的《卡斯巴摇滚》（The Clash's "Rock the Casbah"）。不管宾客订的是经济型邮轮还是豪华邮轮，都有机会参加邮轮上的年代主题派对。

2. 情景派对

情景派对指的是按照一定的主题进行情境设计的派对，人为地让宾客置身于某种形象而生动的情境之中，并获得某种特别的愉悦体验和情感满足。在邮轮上有很多著名情景派对，例如，参加皇家禁酒派对（Royal Caribbean's Prohibition Party），需要提前预订，费用是35美元，其中包括各种饮料和开胃菜。禁酒派对在皇家加勒比绿洲系列的邮轮上可以体验到，如"海洋魅丽号"上的禁酒派对设在第四休息室，宾客在现场爵士乐队的演奏中俨然到了20世纪20年代的"地下酒吧"。

（三）互动游戏文化

除了每晚精彩的表演和各种派对之外，邮轮上还有许多与宾客互动的游戏活动，基本上老少咸宜。大多数邮轮公司，如嘉年华、诺唯真、皇家加勒比等都有大中型的邮轮游戏秀，公主、名人或者荷美邮轮则比较少。以下主要介绍大中型互动游戏和小型互动游戏。

1. 大中型互动游戏

目前邮轮上的大中型互动游戏主要有寻宝游戏、密室逃脱、真人CS镭射对决、孩之宝游戏、雌雄争霸战等。以下主要介绍三种。

（1）寻宝游戏（Scavenger Hunts）：许多航线都会组织一场全家老小都可以参加的寻宝游戏。寻宝游戏是一个很好的与其他宾客认识的游戏。每个团队会接到各种各样的任务。当然也有几个航线的寻宝游戏对家庭不那么友好，反而为传统的寻宝游戏增添了情趣，譬如皇家加勒比的深夜寻宝游戏、迪士尼也专门组织儿童寻宝游戏等。

（2）密室逃脱（Mystery Games）：密室逃脱也是一款益智游戏。宾客们可以一同协作去寻找线索，完成一场精彩的密室逃脱游戏。皇家加勒比系列的邮轮都设有一个专门的皇家密室逃脱游戏（The Observatorium）区（图5-2）；嘉年华邮轮以棋盘游戏线索为基础，将整艘船变成了犯罪现场，玩家在整个巡游过程中收集案件文件和信息，最终确定罪犯、武器和位置；公主邮轮则提供了一款类似《公海抢劫》

的游戏，该游戏基于现实生活中的名人侦探乔·肯达中尉设计，宾客可以从邮轮上找到线索，解答谜题，并从肯达中尉那里获得视频简报。

图5-2　皇家密室逃脱游戏区

（3）真人CS镭射对决：如今，充满科技感的创新游戏真人CS镭射对决越来越成为宾客们的心仪之选。皇家加勒比和诺唯真邮轮都已经开始为宾客们提供这款游戏：皇家加勒比游轮上提供Z星球团队作战（Battle for Planet Z），"外星人"团队对抗"机器人"团队；而"诺唯真极乐号"和"诺唯真喜悦号"的真人CS镭射对决游戏区（图5-3）被设计成一个废弃的空间站，宾客可以与家人好友一起发动引擎，驾驶飞行器飞越遥远星系，与黑暗势力来一场巅峰对战。

图5-3　"诺唯真喜悦号"镭射对决游戏区

2. 小型互动游戏

除了大中型互动游戏之外，邮轮上还会提供许多小型互动游戏。目前邮轮上的小型互动游戏主要有益智问答、邮轮拱廊游戏、桥牌、宾果游戏、啤酒乒乓球游戏等。以下主要介绍三种。

（1）益智问答：很多航线都流行益智问答之类的游戏，一般都是由娱乐总监主持。在大多数主流邮轮上，每天至少提供一次类似的游戏，通常更频繁。皇后邮轮的益智问答最有趣也最具挑战性，问题范围极广，从詹姆斯·邦德的电影到莎士比亚的名言都有涉猎。一旦哪位宾客赢得了游戏，就可以免费品尝著名的咖喱鸡块和经典的炸鱼、薯条。这些问题会分轮分配给每个队，随着比赛的进行，难度会相应增加。

（2）邮轮游戏：邮轮游戏区，其实就是街机游戏厅，是老少皆宜的去处，游戏种类与数量比较丰富。邮轮拱廊游戏的种类因船而异，通常都有曲棍球、篮球、射击和赛车比赛等街机游戏。在 MSC 船队少数船只的拱廊区域，有一级方程式赛车模拟器。在更为现代的船只上，作为共享空间的拱廊越来越受欢迎，例如，诺唯真邮轮的拱廊游戏区虽然只有迷你保龄球和几个街机游戏，但却设有免费餐厅（O'Sheehan's）以及体育酒吧，吸引了大批宾客。

（3）桥牌：桥牌作为一项娱乐活动，在邮轮上也非常具有吸引力，特别对年长的宾客而言。在很多航线上，美国桥牌协会（ACBL）的会员甚至可以免费参加邮轮上的桥牌游戏。美国桥牌协会还会在以桥牌为主题的邮轮航线（如水晶邮轮、大洋邮轮、公主邮轮）上举办一天两次的演讲和比赛。

（四）青少年及儿童活动文化

大多数邮轮公司都有儿童、少年和青少年俱乐部，在那里孩子们可以做各种有趣的活动，保证大人小孩都拥有一个完美假期。孩子们可根据年龄被分成不同的小组，进行不同的活动，包括看电影、做游戏、阅读、玩玩具等。很多邮轮甚至还提供婴幼儿的夜间看护服务。皇家加勒比"海洋光谱号"的海上历奇青少年中心有针对不同年龄段孩子的特殊活动，分为潜水员（3～5岁）、探险者（6～8岁）和航行者（9～11岁）等，除了寓教于乐，这个神奇的儿童中心还能"托管"孩子以解放父母。

四、邮轮娱乐体育文化

邮轮上有丰富的娱乐体育运动项目可供宾客选择。以下主要从极限体育运动、休闲趣味体育活动、常规体育运动三个方面进行介绍。

（一）极限体育运动

1. 海上攀岩

海上攀岩是新兴的邮轮户外项目，在皇家加勒比游轮公司的各大邮轮中均有引入。攀岩墙（Royal Climbing Wall）是每艘皇家邮轮的标配，其他公司的邮轮，如诺唯真邮轮的"逍遥号"（Breakway）、"畅意号"（Getaway）、"畅悦号"（Bliss）等也有引入，并设置了由易至难不同的斜面角度，满足初学者到攀岩高手的多重需求。宾客在尝试的时候可根据自己的水平来挑选合适的攀岩区域（分三个难度）。邮轮同时配有专业教练在旁看护指导，提供护具、专业攀岩鞋等。

2. 甲板冲浪

甲板冲浪是皇家加勒比游轮公司推出的新兴户外活动。无论是初学者还是冲浪高手，都可以通过现场学习，让自己在甲板造浪模拟器上"飞"起来。对于很多没有经验的人来说，在邮轮上可以体验初级难度的冲浪，好玩又新鲜，即使不会游泳，也不需要害怕安全和技术问题。

3. 甲板跳伞

甲板跳伞运用航空空气动力学原理，通过从下往上吹的强风，人们在相应的专业指导下在隧道内进行"身体飞行"，做出漂浮、翻滚等各种动作，宾客可在安全、合理、可控、模拟的环境下享受到垂直降落的刺激和跳伞的快感。皇家加勒比首先在海上推出甲板跳伞运动（Ripcord by iFly）。在项目开始时会有专业教练对宾客进行指导并陪伴其整个体验过程，提供连体衣、护目镜等装备，并有专人控制风力大小。

4. 海上蹦极

皇家加勒比"海洋光谱号"在其直径13米、中空的南极球里首次推出海上蹦极床，球内设有4个蹦极床，结合VR技术，加上安全的保护措施，置身海上纵身一跃，带来自重体感与高科技相辅相成的刺激体验。宾客一边蹦床，一边戴着VR眼镜，就可以参与一场穿越地心之旅。

5. 高空滑索

高空滑索也是一个目前非常热门的极限运动。皇家加勒比、诺唯真游轮和嘉年华邮轮的部分船只都增加了这种惊险刺激的高空滑索。在皇家加勒比绿洲系列邮轮的中空部分，在10层甲板上有一条海上滑翔索（Zipline），纵跨9层甲板，横跨令人惊叹的25米，可以让人顷刻之间从甲板一侧抵达甲板的另外一侧，体验在百达汇大街上空惊险刺激的滑行。地中海邮轮最新船只"海岸线号"上有一条105米长的滑索，目前是世界上最长的邮轮高空滑索。

（二）休闲趣味体育活动

为了使宾客打发在邮轮上漫长的巡游时间，邮轮还为宾客提供了大量休闲趣味类体育活动。

1. 碰碰车

碰碰车（图5-4）是深受市场欢迎的游乐设备。在豪华邮轮上玩碰碰车更加火爆，老少皆宜。皇家加勒比"海洋量子号"横跨两层的海上多功能运动馆（SeaPlex），作为大型室内运动空间，提供海上碰碰车、乒乓球、桌上冰球等娱乐设备。

图5-4 "海洋光谱号"碰碰车

2. 卡丁车

诺唯真邮轮公司首次将卡丁车引上邮轮,并在邮轮上建起了海上最大的卡丁车赛道。双层的卡丁车赛车道是"诺唯真喜悦号"首创。多变的弯道极富挑战性,比起以往大多数邮轮只设赛车电子游戏,它不仅满足了那些平时就喜欢玩卡丁车和开车的人,还满足了从未有过驾驶经历的人。

3. 轮滑

轮滑有很多名称,如旱冰、溜冰、滑冰等。很多邮轮公司都设有轮滑跑道,十分受大人和孩子的欢迎。皇家加勒比"海洋航行者号"上的真冰溜冰场(图5-5),是世界上第一块海洋邮轮上的溜冰场,采用世界上最为先进的制冷系统,冰面温度全年控制在零下14摄氏度左右,整个冰面厚度超过3厘米,据说整个冰面的用水可以灌满一个游泳池,室内温度保持在18~20摄氏度左右。除了可以溜冰,晚间还会有精彩绝伦的冰上演艺活动等。

图5-5 "海洋航行者号"真冰溜冰场

(三)常规体育运动

大部分邮轮上都有丰富的常规体育运动项目和多种多样的训练项目可供宾客选择。

1. 击剑

如今许多大型邮轮会提供击剑项目,供击剑爱好者选择。冠达邮轮的"维多利亚女王号",是目前唯一提供免费击剑课程的邮轮,会定期举行。皇家加勒比"海洋光谱号"也在海上多功能馆提供击剑项目,配有专业教练指导,并采用更适合全家参与的安全软剑,娱乐的同时兼顾安全,绝对是家庭出游运动项目的最佳选择之一。

2. 射箭

射箭,即箭术,又称射箭运动。皇家加勒比游轮公司"海洋光谱号"是目前亚洲最新、最大、最好玩的邮轮之一,射箭作为平时难得体验到的运动项目,在"海洋光谱号"上可以免费体验。射箭作为一项全新的室内运动，拥有先进的设备，适合所有年龄段的宾客参与。

3. 各种球类运动

（1）迷你高尔夫：现在大部分家庭友好型的邮轮都在甲板上设有迷你高尔夫球场（图5-6），宾客在邮轮上也可以免费尝试打高尔夫，比如嘉年华邮轮、公主邮轮、诺唯真邮轮及皇家加勒比游轮等。还有一些邮轮提供趣味高尔夫球比赛和高尔夫球模拟赛。

图5-6　"海洋交响号"迷你高尔夫球场

（2）保龄球：保龄球也是一个可以全家一起玩的运动项目。娱乐性的保龄球馆为宾客提供的是中心平稳、容易抓握的娱乐用球，球道口的犯规扫描器通常也是关闭的。儿童保龄球甚至还在球道两侧的凹槽中斜立挡板以保证每个人都"弹无虚发"。诺唯真邮轮和地中海邮轮都有全尺寸的保龄球道，可以像在陆地上一样打保龄球，但在移动的邮轮上找到平衡是一项挑战。

（3）篮球等球类：邮轮上也不缺乏轻松的球类游戏，球类爱好者可以随时切磋球技，同时为宾客们提供参与或观看海上巡游日的篮球、排球或者网球比赛等的机会。不过，只配备迷你球场的船通常只举行罚球比赛，只有一些大型豪华邮轮才设有全尺寸球场（图5-7）。

图5-7　"海洋水手号"篮球场

邮轮主要娱乐文化有各种各样的娱乐设施和精心策划的娱乐活动，从剧院魔术表演到百老汇歌剧，再到各种模仿秀，加上参与感极强的互动游戏，让宾客随时都有一种耳目一新的度假感受。除此之外，还有哪些娱乐活动呢？下一节将着重介绍邮轮其他娱乐活动文化。

知识拓展

邮轮主要娱乐活动

M5-1　邮轮音乐现场

第三节　邮轮其他娱乐活动文化

案例导入

邮轮健身本就是邮轮旅游的一部分，宾客上了邮轮可以完全按自己的意愿安排活动，关上手机享受无人打扰的假日生活——早晨在沐浴晨曦的阳台上静心练习瑜伽；上午在面朝大海的健身房挥汗如雨；下午甲板上有水中韵律操和丰富的舞蹈课程，还可以报名参加高尔夫球和乒乓球比赛；晚上可以泡在泳池里遥望无边无际的深蓝色星空……当然，多数邮轮健身项目不再另行收费，包含在邮轮旅行费用之中。

（来源：道格拉斯·沃德.伯利兹邮轮年鉴2019［M］.北京：中国旅游出版社，2019.）

思考：邮轮上除了健身活动还有哪些娱乐活动呢？

随着邮轮旅游的日益普及，邮轮公司越来越注重邮轮娱乐休闲设施的研发，日渐多样化、差异化和个性化的邮轮娱乐活动，带给宾客丰富的文化体验和娱乐享受，简直让人流连忘返。目前邮轮上主要有健身养生休闲类活动、摄影活动、艺术品拍卖活动、免税店休闲购物活动等。

一、健身养生休闲类活动文化

健身养生休闲类活动，主要包括室内（主要指健身中心和SPA区域）活动跟室外甲板（主要指室外泳池及附属活动区域）休闲活动。

（一）室内活动

海上健身中心与水疗中心是放松与锻炼的理想去处。

1. 室内健身类

健身是最适合邮轮开设的运动项目之一，健身中心也是邮轮休闲娱乐重要的组成部分。它是一个综合运动场所，集多种运动设施于一体。目前各个邮轮公司都配备了十分先进的健身中心，有些邮轮甚至将健身中心划分为宾客专用和船员专用。

（1）器械类：邮轮健身中心也同陆上健身中心一样，提供了各种运动健身器材，常见的器材有跑步机、动感单车以及其他力量型训练器材等。一些最新的邮轮实现了健身房高科技化，提供最先进的肌肉锻炼及身体强化设备，如皇家船队上的健身中心就拥有先进的专业动感单车训练、全身抗阻力训练（TRX）和沙滩露营（Beachcamp）训练系统等（图5-8）。

图5-8　皇家加勒比"海洋光谱号"健身房

（2）形体类：邮轮上典型的形体类运动课程往往包括各种由专业教练规划的高强度、低冲击的有氧健身活动，如日出伸展、健身操、脚踏运动，还有全身力量训练、核心训练、团体训练、泰式拳击、普拉提和瑜伽课程，以及身体成分分析和私教课程等，都是目前最流行、最时尚的项目。目前各邮轮公司的健身中心都可以提供相对全面的形体类运动课程。

2. 室内水疗养生类

随着"健康休假"概念的普及，邮轮公司精心设计了足以与岸上水疗场所相媲美的水疗中心（图5-9），额外付费便可享受全天候无间断的服务。水疗中心曾经是女性专属，如今也可为男性提供相同质量的服务。

图5-9　皇家加勒比"海洋交响号"维特力缇水疗中心

（1）水疗套房：一种是温泉套房，温泉套房属于私人领域，有香熏花洒淋浴、桑拿浴室、蒸汽浴室、海水疗法池等，为宾客带来极致放松的体验；另一种是个人水疗套房，每间水疗套房均为设有落地窗（单向玻璃）的大型客舱，备有加热地板、充足的休闲空间、毛巾和浴袍，还可能包括桑拿浴室、蒸汽浴室、淋浴房、加热的放松躺椅、水力按摩桌和任宾客选择的按摩油。

（2）按摩：按摩是最受欢迎的邮轮水疗护理项目，宾客甚至可以在私人阳台上享受按摩。它是一个很好的舒压方式，通常提供从标准的瑞典式修复按摩演变而来的一系列不同风格的按摩。如果再加上面部护理，效果可能会更好。

（3）护理：大多数邮轮还提供面部与身体护理、美甲、修脚、牙齿美白和针灸服务。

① 面部与身体护理。大多数基于传统的亚洲疗法，用于面部与身体的排毒。

② 针灸。在皮肤上的特殊穴位插入超细针头，用于预防和治疗疾病。

③ 艾灸。用艾条或艾炷产生的艾热刺激身体的多个穴位。

④ 身体磨砂。用来清洁和软化皮肤，并用香熏油、面霜、乳液，甚至海盐去角质（祛除死皮）。

⑤ 身体裹敷。通常被称为身体面膜，包括全身敷上藻类和海藻，然后用铝箔和毛毯覆盖身体，可以排毒，紧致和调理身体皮肤，减少橘皮组织。

（二）室外甲板休闲活动

现代超大型豪华邮轮打造了各种各样无与伦比的娱乐活动，供不同年龄层次的宾客选择。较小型邮轮、探险型邮轮和风帆型邮轮等可能很少或几乎没有娱乐活动，只能在甲板上晒晒太阳、泡泡温泉、吹吹海风、看看露天电影。

1. 晒太阳

每艘邮轮往往拥有多个甲板泳池，泳池边上有许多躺椅，让宾客们尽情享受阳光，是邮轮上最佳的户外休闲场所。皇家加勒比系列邮轮为套房成人宾客设有专门的日光浴场（Solarium），其"海洋绿洲号"的日光浴场拥有270度全景玻璃穹顶，希腊式蓝白纯美装饰，宾客既可享受无敌海景，沐浴海上阳光，又可尽享私密欢乐时光（图5-10）。

图5-10　"海洋绿洲号"日光浴场

2. 泡温泉

几乎每艘邮轮都设有甲板温泉泳池，其中以世邦邮轮的漩涡温泉最受欢迎。在阳光明媚的日子里，手拿一杯清凉的饮料，一边欣赏迷人的景色，呼吸新鲜的海洋空气，一边与家人喜笑颜开地在甲板上泡泡温泉，绝对是消除压力与放松身心的好办法。

3. 吹海风

邮轮巡游的日子，到甲板上吹吹海风，听听海浪的声音，不需要纠结当天的晚餐和住宿，就会有股治愈的力量，一切都美好得跟做梦一样。到了夜晚，吹着微微的海风，伴随着星空下的宁静，喝杯鸡尾酒，听听现场音乐演奏，宾客能收获绝妙的体验。

4. 看露天电影

自从 20 世纪 70 年代以来，在露天甲板上放映电影，一直是邮轮娱乐的一部分，不过当时是在午夜时分放映经典的黑白电影。2004 年公主邮轮"至尊公主号"首个引进室外电影院——星空影院，首次在甲板上安装 LED 大屏幕，从而引领了全新的露天娱乐潮流。其他拥有大型邮轮的公司陆续跟进，嘉年华、歌诗达、地中海、皇家加勒比、精致、诺唯真、荷美及迪士尼邮轮的部分船只上都有了不同形式的露天影院，在星空下看电影很快成为邮轮宾客最喜欢的娱乐活动之一。

5. 参加甲板派对

如果没有甲板派对，邮轮上的娱乐活动就不会完美。嘉年华以在举办海上甲板派对而闻名，它很有可能是一场巨型甲板派对，如一场以 80 年代为主题的舞蹈派对，一场与邮轮上摇滚乐队合作的 80 年代流行音乐派对，宾客可以梳一个 80 年代的发型，同时手持霓虹灯、发光棒，这绝对是充满活力、有趣和独特的音乐体验。

二、摄影活动文化

从登船到航程结束，摄影活动会贯穿宾客邮轮旅游的始终。

（一）邮轮主要摄影活动

1. 专业摄影师

是否有专业摄影师取决于邮轮的类型。在小型船只和探险邮轮上，可能会有一个船员记录海岸旅行和特殊事件，但没有指定的摄影团队。豪华系列邮轮都有专业摄影师，负责为邮轮上的日常活动拍照，包括宾客上下船、主餐厅用餐以及船长晚宴等活动；除此之外，还要做照片销售以及相机销售等。

2. 正式之夜

摄影师会在正式之夜指导宾客摆拍各种姿势或在宾客打扮的时候提供肖像拍摄，甚至需要在部分场合特别装扮以招徕宾客。

3. 摄影课程

许多邮轮航线为摄影爱好者以及专业人士提供了从拍照到编辑的各种摄影课程，让宾客在邮轮上增强他们的摄影技能。还有一些航线为摄影爱好者们提供在一次旅行中拍摄多个目的地的机会，并近距离接触阿拉斯加、巴拿马运河和南极洲等地方的奇观，如荷美邮轮推出的南极尊贵休闲摄影巡游等。

（二）邮轮摄影活动禁忌

大多数邮轮登船协议中的细则会写明邮轮公司禁止拍摄的场所。通常宾客在观看剧场节目中拍照是不被允许的，也被限制拍摄医疗中心、安全演习等。在邮轮上尽量不要随意拍摄，除非被船员允许，有些船只甚至提供拍摄廊桥（船长操作船只的地方）的机会。在港口，某些博物馆或宗教场所可能会禁止摄影，如果不确定的话要寻找标志或询问有关人士。

三、艺术品拍卖活动文化

邮轮上的巡游日经常会举行艺术品拍卖，为宾客提供邮轮和艺术相结合的独特体验。艺术品拍卖作为欧美邮轮上非常受欢迎的项目，在亚洲邮轮的人气也日益高涨。

（一）邮轮上艺术品的拍卖方式

艺术品拍卖是邮轮上的一件大事，通常是由邮轮公司与陆上著名画廊合作，如全球大型私人艺术品经销商之一美国柏文画廊（Park West Gallery），该公司几乎主导整个邮轮拍卖市场。柏文画廊的邮轮艺术品拍卖不仅是普通的拍卖会，同时包含艺术品预览、艺术研讨会、现场拍卖和贵宾之夜等丰富的艺术品鉴赏与收藏体验活动，有时还会邀请当代知名的艺术家亲临现场，和宾客们来一场深入的艺术交流。

拍卖活动通常以一系列艺术讲座和由艺术拍卖人主持的鸡尾酒艺术欣赏派对开始，将展示不同风格的艺术品，让宾客有机会预览艺术品，在拍卖前咨询，或只是学习关于艺术鉴赏的知识。柏文画廊还为每一个艺术作品提供鉴定书，包含这个作品的全部信息，也会让众多收藏者了解每个作品背后的动人故事。

（二）邮轮上拍卖的艺术品种类

拍卖活动上通常有一系列艺术家的作品，从文艺复兴时期的大师到当代名人。柏文画廊拍卖的作品大部分是绘画，也有系列画、石版画、蚀刻画、木刻和版画等。银海游轮与安德鲁·韦斯画廊（Andrew Weiss Gallery）合作，因此邮轮上会有机会陈列巴勃罗·毕加索、雷诺阿、安迪·沃霍尔和萨尔瓦多·达利的作品，有些是原作，但大部分是复制品。

四、免税店休闲购物活动文化

邮轮和免税购物的匹配对于极其热爱购物的宾客来说无疑是完美的，邮轮上的免税店也是大家茶余饭后散步购物好去处。

大多数大型邮轮公司都有"邮轮上免税购物"的理念，一艘邮轮上往往有几家免税商店，通常集中在邮轮上的购物中心（图5-11）区域，从高级珠宝、瑞士手表到皮革配饰，以及各种形式的高端美容产品、烈酒、配饰或品牌度假服饰，应有尽有，琳琅满目。

一段完整的邮轮假期，通常由登船日、海上航行日、岸上观光日和离船日组成。当船抵达港口时，所有的免税店不允许营业。只有当邮轮驶入公海时，免税商店才能正常营业。因此，免税店营销活动的最佳时间是在海上航行日，或登船日和观光日的晚间。免税店往往会在巡游中举办一些促销活动来吸引宾客。

第五章 邮轮娱乐文化 109

图5-11 皇家加勒比"海洋量子号"皇家大道购物中心

知识拓展

邮轮艺术品展示

M5-2 邮轮艺术品展示

本章小结

本章主要讲解了邮轮娱乐文化的相关界定、邮轮涉及的主要娱乐文化，并且重点介绍了邮轮自创演出剧目、脱口秀表演、邮轮舞蹈文化、邮轮音乐文化、邮轮其他娱乐活动文化等，其中穿插丰富生动翔实的视频、案例和拓展知识，能够让学生系统直观地了解邮轮娱乐文化的内容。

实践实训

实训一

分为若干实训小组，通过查阅相关图书或网络资料，了解不同邮轮公司娱乐项目设置的基本情况，将调研结果填入下表中。

调研项目	邮轮公司一	邮轮公司二	邮轮公司三	邮轮公司四
主要娱乐项目				
其他娱乐项目				

实训二

分组讨论调研结果，形成调研报告并以小组为单位将结果做成PPT，在课堂上与其他小组分享交流。

知识检测

1. 什么是邮轮娱乐文化?
2. 请列举邮轮上的自创演出经典剧目并介绍,不少于五项。
3. 在观看邮轮剧场表演时需要注意哪些基本礼仪?
4. 邮轮上常见的舞蹈有哪些?
5. 邮轮上的休闲趣味体育活动有哪些?
6. 邮轮艺术品的拍卖方式有哪些?

第六章　邮轮船员文化

学习目标

▶ 能力目标
1. 能够正确面对多元文化的冲击和挑战。
2. 能够在多元文化环境中进行跨文化沟通与交流。
3. 能够掌握邮轮相关岗位技能、服务规范。

▶ 知识目标
1. 了解邮轮船员职业能力。
2. 掌握船员服务技能与规范。
3. 熟悉邮轮军衔制和准军事规则。

▶ 素质目标
1. 通过对船员职业能力文化的学习，培养学生的文化包容意识，树立正确的人生观和价值观。
2. 通过对船员服务文化的学习，培养学生服务他人和社会的能力，强化社会责任感，增强为他人服务的意识。
3. 通过对邮轮军衔制和准军事规则的学习，培养学生的服从意识和团队精神，提升职业素养。

章节导读

邮轮是人类社会中最不可思议的组织形态之一。譬如，皇家加勒比"海洋航行者号"共有1230名船员，来自约70个国家。在邮轮这个多元民族与种族文化的"岛国"里，船员如何进行跨文化交流和沟通？他们是如何相互协作、保证邮轮运营的？他们又是如何为宾客提供贴心、细致、周到的"极致服务"的呢？在本章中我们将一起来探讨邮轮上的船员文化。

第一节　船员职业能力文化

邮轮的员工吃什么？住在怎样的宿舍？下班后会做什么？长期生活在船上是什

么感受?这是很多宾客感到好奇的。一位未来航程销售经理讲述了她的船上生活:"与之前在陆地五星级酒店的工作完全不同!白天身着白色制服在准军事化管理下,每天接待不同肤色、国籍和文化背景的全球贵宾和皇家邮轮俱乐部的资深会员;傍晚在国际氛围中体验丰富多彩的海员生活,耳枕阵阵柔和的海涛,伴随甜甜的海风入睡;清晨醒来,舷窗外又是一片新奇壮阔的海岸风光和'新大陆'……感觉整个世界与我并肩同行。"

(来源:刘淄楠.大洋上的绿洲:中国游轮这10年[M].北京:作家出版社,2019.)

思考:邮轮船员需要具备的职业素养有哪些?

邮轮就好比一个微型世界,不同国度、不同肤色、不同语言的人们欢聚一堂。船员在享受邮轮带来的各种美好的同时,邮轮也对他们的职业能力与素质提出了要求。那么,船员到底需要具备哪些能力与素质才能更好地适应船上的工作与生活呢?下面我们将一一揭晓。

一、船员应具备的心理素质

(一)自信与自尊

邮轮环境比较国际化,船员来自世界各地,宾客也是来自五湖四海,各自的文化背景千差万别。在这个多元文化的邮轮社区里,首先要懂得尊重他人和他人的文化,同时还要有文化自信。中国籍船员的文化自信基于中华民族博大精深的优秀传统文化。那些传承千百年的文化理念,积淀着中华民族最深层的精神追求,代表着中华民族独特的精神标识,已浸润于每个国人心中,构成中国人的独特精神世界,也增强了中国籍船员的自信。与此同时要有自尊,只有足够尊重自己,才能从容面对复杂的跨文化环境,正确地处理工作中出现的问题。

(二)多元与包容

一船一世界。不同国籍的船员使用不同的语言,有着不同的文化背景,造就了不同价值观、不同的思维方式、不同的生活工作方式、不同的行为方式、不同的情感表达方式以及不同的行为准则,使得跨文化交际成为每个船员必须面对的工作内容的一部分。同时,船上的跨文化环境也造就了船上独有的"跨文化语言",塑造着船上兼容并蓄的多元文化。面对复杂的多元文化环境,船员要对其他民族和种族的文化学会理解和包容,与来自不同种族和民族的人友好相处,从而形成融洽的工作与社交关系。

(三)表达与展示

船上生活与陆地生活大不相同。文化冲突、生活习惯和思维方式等对初次上船的员工会造成巨大的心理冲突。另外,邮轮的每个合同期通常为4~8个月,其间一直在邮轮上度过。船员长期在一个封闭的环境中工作和生活,信息闭塞,工作单调重复,周围可交流的朋友又少,很容易产生孤独感,只有那些善于表达和展示,能够将自己的意图与感受清晰明确地表达出来,并善于让他人理解、体会的船员才能迅速适应并胜任邮轮上的工作。同时,与宾客经常接触的船员,在工作中只有更好地与宾客沟通并正确表达,才能为宾客提供高质量的服务,并能在与宾客发生冲突时迅速找到最佳的解决办法，让工作顺利进行。

（四）勇敢与沉稳

不同文化的强烈碰撞、高标准要求下巨大的工作压力、与不同母语人群社交的困难等都对船员的心理素质提出了挑战。面对快节奏的、动态的、具有挑战性的多元工作环境，船员必须具备极强的心理素质，放下对未知事物的恐惧，不屈不挠、勇敢地面对，切忌在自我忧虑中迷失方向，克服邮轮工作中产生的孤独、沮丧、焦虑等消极情绪。同时，遇事要善于冷静思考，切忌慌乱，懂得全面评估现状、理清相关的思路，从而找到应对策略和行动方案，而后根据轻重缓急沉稳地应对，才可以真正享受邮轮这份工作带来的美好与惊喜。

二、船员应具备的职业素质

（一）价值观

价值观主要包括两大类：人生价值观和职业价值观。人生价值观是一个人对事情对错、事物好坏的评判标准，它在人际交往中起着非常重要的作用，船员树立正确的人生价值观有助于保持良好的心理状态，保持和谐的人际关系。职业价值观是指人生目标和人生态度在职业选择方面的具体表现，也就是一个人对职业的认识和态度以及对职业目标的追求和向往。每种职业都有各自的特性，不同的人对职业意义的认识、对职业好坏有不同的评价和取向，这就是职业价值观。船员的职业价值观决定了他们的职业期望，影响着他们对职业方向和职业目标的选择，决定着他们的工作态度和劳动绩效水平，从而决定了未来的职业发展与规划。

（二）职业规划

职业规划就是对职业生涯进行持续、系统的计划的过程。对于船员而言，他们的职业生涯规划通常是根据自身的兴趣与特点，定位在一个最能发挥自己长处的位置，选择最适合自己能力的岗位，然后，为了求得职业发展，制定出今后短期、中期和长期的发展规划和措施。

1. 船员的职业定位

职业定位就是船员能够根据自身的条件与能力确定自己可能胜任的岗位与工作。他们可以从一个部门的入门级职位做起，在工作中通过技能的提高、经验的积累、良好性格的培养、工作能力的增强以及对机会的准确把握，可以重新进行职业定位。例如，自助餐厅服务员在几个合同期之后，可能会换部门，比如成为宾客服务助理等，几年后，经过在岗培训与相关经验和能力的提升，很有可能会成为团队经理。而且，大多数邮轮职位都规定申请人应该有相关工作经验，尤其是监督和管理岗位。因此，邮轮的职业定位需要考虑邮轮工作与其他行业的差异，因为只有具备了船上的相关经验，才能了解邮轮的运作方式、部门之间的协调与配合风格，以及邮轮独有的制度体系。

2. 船员的职业发展

职业发展通常是指一个组织对员工进行知识、能力和技术的发展性培训、教育等活动。虽然邮轮公司也会投入大量的时间和金钱定期或不定期地培训他们的员工，但在船上，职业发展往往指的是船员的职业晋升。

邮轮公司通常从内部选拔，船员要晋升到更高级别或进入不同的部门，候选人需要具备高超的岗位技能以及个人魅力，其中，与申请职位相关的培训最为重要，它包括与该职位日常工作相关的一系列培训和相关的经验背景。通常这些培训都是由人力资源部安排，需要达到一定的培训时间并完成检查清单（checklist）的所有培训事项，后期还需要考核，然后经过几轮面试并顺利通过后才能获得相关的职位。虽然邮轮公司倾向于从内部提拔，但有时也会选择邮轮行业以外的申请人。同时，一些邮轮公司也会提供给人力资源、财务、甲板、发动机以及酒店部门的毕业生到船上实习的机会。若有意上船，毕业生可把握这些机会来提升自身专业素养，以及相关的岗位专业技能，而后开启船上的职业发展之路（图6-1）。

图6-1 职业发展之路

（三）职业技能

职业技能由通用的软技能和硬技能两部分组成。其中，软技能更多地与一个人的个性、素质、习惯、沟通和解决问题的能力有关。硬技能，也就是岗位专业技能（Technical Skills）。船员的岗位专业技能，指的是船员对某一岗位的特定学习能力。

1. 船员的软技能

（1）团队协作（Team Cooperation）能力：团队协作是一种为达到既定目标显现出来的资源共享和协同合作的精神。邮轮是一个大型、复杂的综合体。要维护这个庞然大物的运营，需要整个团队的有效协作。团队协作不仅可以预防事故的发生，有利于邮轮的安全运行，而且有利于促进船员之间互相沟通、交流，实现邮轮节能增效等目标。船员的团队协作能力表现在：①把全体人员视作一个有共同目标的整体；②要避免一个人孤立地工作；③充分利用自己的才能和技巧来完成既定的共同目标；④能够提出自己的观点，发表意见与评论，又能为共同目标的完成一起讨论和制定详细的计划。

（2）细节管理（Detail Management）能力：细节管理强调每位员工都要把自己的事情做好，不找任何借口，要想方设法去完成任务。邮轮上的船员为了让宾客在船上享受一次独特的、美好的旅程，需要精益求精，做好细节管理。

船员的细节管理能力一是来自用心：需要用心留意工作中的每一处细节并且做到规范细致，让客户感觉到周到的服务与关怀，不能有丝毫的马虎。二是来自习惯：将细节管理训练成习惯。在邮轮工作的船员需遵循邮轮公司设定的特定标准和流程，如客房部，床单的布局方式、洗漱用品的存放位置以及毛巾折的形状等都有一套高标准的要求规范。为此船员需要接受很多有关操作规范的培训，以及工作细节关注度提升的严格培训等，久而久之就会形成特有的细节管理习惯，为宾客提供极致服务。

（3）时间管理（Time Management）能力：时间管理是指通过事先规划和运用一定的技巧、方法与工具实现对时间的灵活以及有效运用，从而实现个人或组织的既定目标的过程。时间管理并不是要把所有事情做完，而是更有效地利用时间。邮轮工作还需要船员具备出色的时间管理能力。船员需要依据工作的轻重缓急设定短、中、长期目标，再逐日制定实现目标的计划，将有限的时间、精力加以分配，用时间管理提升工作效率，保证船上的工作可以有条不紊、迅速高效地进行。

2. 岗位专业技能

现代邮轮就像一座漂浮的城市，有着复杂的组织架构和各种各样的工作岗位。一些工作岗位需要十分高超的专业技能，一些入门级的职位则只需要基础的技能。下面就以邮轮人力资源部门为例，详细阐述人力资源经理（Human Resources Manager）、培训和发展部经理（Training and Development Manager）、船员/职员管理员（Crew/Staff Administrator）、船员/员工行政助理（Crew/Staff Administrative Assistant）等需具备的专业岗位技能。

（1）人力资源经理：人力资源经理监督和管理邮轮的整个人力资源部门，主要职能为：培训和发展、绩效管理、冲突解决、福利和薪酬管理等。人力资源经理在处理人力资源问题时，需要向所有高级官员、船上管理人员和其他部门负责人提供协助和支持。船上人力资源经理与邮轮公司的人力资源部门直接联系，当与船上管理层发生冲突时，必须与公司高级管理层协商。因此，人力资源经理需要具备规划与统整技能、决策与执行技能、人力资源专业技术技能、发现问题与解决问题的技能等专业岗位技能。

（2）培训和发展经理：培训和发展经理负责邮轮船员日常培训和发展计划，同时评估所有船上部门的经理和主管进行培训的有效性。培训和发展经理进行新员工入职培训和定期船上培训，以确保达到最高质量的运营和安全标准。他与船舶安全官员、环境官员、船上各部门负责人、主管和经理一起执行教练培训课程，以不断提高他们的培训方法和演示技能的有效性。培训与发展经理还负责维护邮轮官员、船员的培训认证记录。因此，培训与发展经理要具有系统思维技能、体系建设与维护技能、专业培训技能等专业岗位技能。

（3）船员/职员管理员：船员/职员管理员负责船舶官员、船员在周转日的签到（登船）和签离（离船），以及这些程序中涉及的所有活动和细节，如文件准备、机票、旅行签证、酒店住宿等，还直接负责储存船员的文件——护照、合同、签证、海员证和任何其他所需文件。船员/职员管理员在登船时发放船员身份证（签字），在离船前停用和收集身份证（签字）。因此，船员/职员管理员需要良好的统筹规划技能，沟通领悟、现场反应技能，判断决策技能等。

（4）船员/员工行政助理：为人力资源办公室提供行政支持，处理文书工作、电子邮件、记录、来电，并协助船员/职员管理员履行其职责。船员/员工行政助理安排和协调各种人事活动，如体育、聚会、旅游和特别活动，负责电影租赁，协调船员和工作人员的停泊分配，分发客舱钥匙。这是一个入门级的船上人力资源部门的职位。船员/员工行政助理需要良好的语言表达技能、办公软件与人力资源软件使用技能、沟通与洞察技能等。

（四）安全意识

安全意识是船员行为习惯的反映，可以促进船员安全行为的形成，在遇到安全问题时按照习惯采取措施。船员入职之前需要获得应急培训的相关知识，以及基本安全培训合格证（Z01）、保安意识培训合格证（Z07）、国际航行船舶船员专业英语合格证、客船船员特殊培训合格证（T06）等培训证书。通常情况下，邮轮公司也会提供给船员一份详尽的手册，详细说明海事和邮轮的监管要求、船上安全管理实践以及其他重要说明，这些将作为船员的安全指南。

在入职培训期间，他们将学习各种安全演习程序、救生艇操作指南等，并了解其他安全措施。船员将被告知他们在紧急情况下的职责，并要求知道在发生事故或疏散时的集合地点。船员还将获得用于不同情况的安全编号和代码，并且必须了解各自的职责。船员必须知道操作救生艇的方式方法、救生艇和救生筏的位置、如何下水等；还必须了解船上的各种灭火器及其用途。船员还将学习各种信号，所有的邮轮事件都有不同的紧急信号，包括安全紧急情况的信号和警报、人员落水信号、弃船信号和其他几种信号等，未能识别紧急信号可能会导致人员伤亡。

三、船员应具备的跨文化适应能力

（一）船员面临的跨文化环境挑战

1. 语言与非语言障碍

语言与非语言是人们沟通的两个重要因素。同一种语言被不同的人群使用，沟通都会有障碍，使用不同语言的人们直接沟通更会有障碍。大量的沟通是通过非语言进行的。非语言沟通的误解也是数不胜数，因为非语言的暗示从手势到身体的姿势应有尽有，不同国家的人有不同的理解。

而语言通常被视为跨文化交际的具体体现。大多数刚上船的船员在面对不同国家的同事和宾客时经常会出现不同程度的交际障碍。英语被视为邮轮上的官方语言，船员应在公共区域和船员区域使用英语。若在邮轮上不说官方语言（英语），可能会收到宾客投诉或是纪律处分。

2. 文化冲突

文化冲突，是指两种不同文化背景的人进行交际时，对某词、某句的理解和使用会产生误解。而中国籍船员面对的文化冲突主要表现为个人主义与集体主义之间的冲突。

无论是中国文化倡导的集体主义精神，还是西方文明推崇的个人至上主义，都有一定的优缺点，并不存在孰优孰劣的问题。中国集体主义价值取向中谦虚、谨慎、相互合作、讲究集体主义和爱国主义的积极元素形成了中国船员内敛、含蓄、谦让的性格特征。西方个人主义价值观中积极的方面塑造了欧美船员追求自由、强调自我价值的性格特征。

（二）船员的跨文化适应能力

跨文化适应能力，指的是跨文化工作与生活的能力，是在对跨文化环境适应的过程中为达到适应的结果而应具备的一系列能力的组合。跨文化适应能力指的是有跨文化适应的意识，并适时地做出跨文化适应的行为。

1. 跨文化适应的意识

适应者首先对面临的复杂跨文化环境有理性判断，自觉主动地秉持理解与宽容的态度，还要有积极融入的意识，表现出积极适应其他文化的愿望与期待。培养跨文化适应意识的前提是要对文化差异有正确的认知，理解并应对它。认可这种文化差异之后，会产生包容差异的心态，从而具备移情能力，站在对方的文化角度思考问题，体味对方文化境遇，进而在情感上引起共鸣，可以减少或避免文化冲突。

2. 跨文化适应的行为

跨文化适应的行为是跨文化意识的外在表现。首先要有一般适应，也就是生活适应，也是最基本最现实的适应，自己能够独立解决衣食住行的问题；然后是工作适应行为，能主动解决工作中出现的困难与问题，主动与不同文化的人交往。邮轮上跨文化适应行为的重要原则是，尊重与遵守其他种族与民族的风俗习惯，在这个前提下做出适应的行为，并在特定条件下为了实现既定目标而对情感做出理性的调整。

（三）船员跨文化适应能力的提升

1. 构建跨文化意识环境

文化意识是人们对本民族文化、外来文化或其他文化的整体认识、理解、吸收、兴趣、评价、判断与接纳。它还包括由不同文化本身衍生出的态度，如价值观、人生观、世界观等。在中国，船员跨文化意识的培训尚未得到广泛开展，相关邮轮公司、海事培训机构应提供优质的英语语言和跨文化交际培训，以帮助消除船员之间的文化冲突。

2. 培养全球性思维

具体而言，全球性思维模式一词是指跨越传统界限的复杂的思维方式，是从更广泛的角度看待世界的一种方式。全球性思维涉及对相互依存世界的理解，如技术、社会政治因素、文化和跨文化问题、态度因素和行为能力。全球性思维能够帮助船员在全球范围内开展高效工作。

3. 训练语言技能

作为沟通交际的载体，语言的重要性不言而喻，英语作为国际通用语言，也是邮轮上的工作与服务语言。船员应该具备较高的英语语言技能。不流利的语言可能会使船员产生一种疏远感、脱节感甚至是挫败感，令船员间彼此排斥。具有高超语言技能的个人会更好地处理多元文化的冲突。换句话说，语言技能的训练可以帮助消除来自不同国家或文化背景的船员之间的距离感。

4. 加强多样化社交

有广泛社会接触的船员更倾向于从学习的角度探索其他文化，并采取欣赏的态度、行为策略，有效减少刻板印象、增强互动。这些多样化社交行为会促进更开放的自我概念的发展，从而增强船员在跨文化工作环境中的动力，促进船员自我多样性的发展。

本节从心理素质、职业素养、跨文化适应能力等方面详细阐述了船员职业能力文化。由于邮轮工作环境的特殊性，船员除了需要具备基本的职业素养与技能，还要具备较强的服务意识，为宾客提供更专业更周到的"极致服务"。船员是如何为广大宾客进行服务的呢？下一节主要阐述船员服务文化。

知识拓展

"皇家方式"（Royal Way）的13个员工标准

1. 热情

永远给予宾客友善的问候和恳切的笑容。第一时间发现周围的宾客，从视线接触、点头或问候中，让他们知道你留意到了他们，并传达出友好的欢迎。

2. 温暖

与宾客建立个人化的交流，称呼他们的名字，使用船上的官方语言英语或宾客熟悉的语言进行交流。如果不谙宾客的母语，可以找其他同事帮忙。

3. 关注

对宾客要真诚、体贴和细心聆听。对宾客的话要关注、理解，必要时重复他们的话语。使用友好的身体语言来表示你随时愿意帮忙。会面和交流时以宾客的时间安排为第一位。

4. 尊重

不能打断宾客的话，对话时使用谨慎、得体的语调、声量和语言。不跟宾客发生争执，也不在他们面前吵架。在与其他船员交流时，只使用英语。在宾客区域里，除了协助宾客和工作之外，不得使用电子设备。在宾客区域里，无论何时都要谨记"宾客为先"。

5. 友好相处

己所不欲，勿施于人。尊重所有人的文化差异。与船上和岸上的同事通力合作，为宾客提供皇家方式的体验。与船上的同事友好相处。

6. 激情

在与宾客和其他船员交流时，永远表现出自豪、热情和精力充沛的一面。熟悉船上的产品和行程，随身携带每日《航程指南》，以便随时为宾客提供帮助。

7. 惊喜

让自己正面的个性发光和发挥作用，寻求与宾客联通的独特方式，与上司紧密合作，把自己的才能运用到日常的角色和任务中。

8. 愉悦

为宾客创造难忘的回忆，做一些他们意料以外的事来给他们惊喜。

9. 成就

尽力达到工作目标,通过与上司的定时沟通,了解自己的工作表现。知道所属部门的KPI,与团队紧密合作来达成它。

10. 优胜

超越预期,传达皇家方式的所有体验,时时分享关于皇家方式价值观的故事,鼓励和支持团队成员生活在皇家方式当中。

11. 解决

确保所有宾客的需求能在最短时间得到满足,甚至超越他们的预期。如果力所不逮,可求助于上司或其他团队。

12. 参与

永远表现出"我做得到"的正面状态,深入了解宾客的需求,并且主动接近需要协助的宾客。

13. 责任感

能根据标准操作流程和职责完成日常工作,并且注重细节,把工作完成得最好。让自己的表现说话,不要企求宾客的感激、评论或评分。有意识保持船上的清洁,见到垃圾、杯子和碗碟会主动收拾清理,遇到更严重的问题会上报。

(来源:刘淄楠.大洋上的绿洲:中国游轮这10年[M].北京:作家出版社,2019:230-233.)

第二节　船员服务文化

案例导入

粉墨登场的演员,是训练有素、热情洋溢的客房服务生、餐厅侍应生、酒保、歌舞演员、前台服务员、酒店总监、娱乐总监、船长,宾客既是观众也是剧中人,宛如步入了沉浸式情景剧,一起体验变换着的场景下引人入胜的精彩剧情。

但是,宾客在舞台上看到的场景和人物只是冰山一角。像剧院一样,邮轮把与宾客打交道的部门,如餐厅、酒吧、客房服务叫作前台,他们是"舞台上的表演者",是宾客可以耳闻目睹的。宾客看不到的部门,如高层甲板上的驾驶人员和水线以下轮机房里的工程师,被称为"后台",就像剧院幕后的演职人员。

(来源:刘淄楠.大洋上的绿洲:中国游轮这10年[M].北京:作家出版社,2019.)

思考:谈谈你对"邮轮服务"一词的理解与认识。

现代邮轮设施豪华、节目丰富、吨位巨大,被称为"海上移动度假村",是当今世界旅游休闲产业中不可或缺的一部分。要匹配邮轮的豪华硬件,高水准的"极致服务"是不可少的。邮轮上的"极致服务"是指在每一个时刻,船员都能够满足每一个宾客的不同需求与期待,做到诚心、细心和耐心,从而给顾客带来最美好的度假体验。

一、服务态度文化

（一）诚心

邮轮上的服务标准非常高，且强调个性化的"极致服务"。对待每一个宾客都要十分有诚心，永远给予宾客友善的问候和恳切的笑容，向宾客传达出友好的欢迎之意，让他们感受到热情与周到。对客服务时，要关注、理解宾客的话语以及语言背后隐含的内容，准确把握宾客真正的需求。用始终如一的积极与主动态度表达随时愿意帮忙的意愿，真正站在宾客的立场，时刻为宾客着想。

（二）细心

在邮轮服务工作中应细心服务，关注细节，仔细观察宾客的举动。细心是船员工作的基本要求。根据不同类型的客人，将个性化服务落到实处。服务的过程中注重细节，做到细心细致，想客人之所想，想客人之未想，及时发现并满足宾客的潜在需求。船员在工作中要眼观六路，耳听八方，及时发现并准确判断出客人的兴趣爱好，根据宾客具体情况调整服务，为宾客提供恰到好处的"极致服务"。

（三）耐心

在文化多元的邮轮环境中工作非常考验船员的耐心。每艘邮轮宾客多达五六千人，他们对一切充满好奇与疑惑。提供邮轮服务的船员需要始终专业且耐心地帮宾客答疑解惑，不仅要耐心倾听宾客的要求，服务过程中还要注重感情交流，并创造轻松友好的服务氛围，给宾客带来暖心的度假体验。

二、服务技能文化

（一）沟通与交际技能

船员在服务时要处理好与宾客、同事、上下级之间的关系。在邮轮上，不管是船员还是宾客都来自不同国家，人际交往中既有文化的冲突，又有利益关联。因此，船员要具有较强的沟通意识、良好的沟通交流技能。

邮轮上部门设置复杂，岗位繁多。邮轮的一大特点是一人多岗，根据工作的需要，在特殊时段跨部门合作是常见现象。特别是娱乐部，人比较少，遇到大型活动需要其他部门的援助；上下船时娱乐部比较清闲，需要帮助上下船专员维持秩序并引导接待。在邮轮上工作，具备良好的沟通与交际技能，可以提升同事之间以及部门之间的协作效率。

同时，在为宾客提供服务时，船员的良好沟通与交际技能更可以为宾客提供贴心的"极致服务"，从而有效提升邮轮服务质量，创造美好的邮轮旅游服务体验环境，帮助宾客获得更加丰富的体验，促进宾客成为邮轮旅游的积极享受者和宣传者。

（二）岗位服务技能

邮轮岗位繁多，各部门分工明确，这里主要介绍助理服务生、设施清洁员、咖啡厅服务员、免税店售货员、管家的主要岗位服务技能。

1. 助理服务生

（1）协助服务员进行食物饮品的运送以获得宾客的满意。
（2）提供并且随时补充面包、黄油、红酒或其他的饮品。
（3）按照卫生标准的要求，维持备餐区域的清洁整齐。
（4）按照卫生标准以及主管的要求，维持工作区域的卫生，包括餐桌、餐椅、地板、地毯、窗户、墙面、装饰品以及其他相关区域。

2. 设施清洁员

（1）按照卫生标准按时完成领班布置的区域范围内的卫生清洁工作，并随时接受上级检查。
（2）随时检查并报告所管辖区域内各种设备设施的日常使用情况和损坏情况。
（3）负责巡视所管辖区域内的安全情况，发现任何可疑情况和安全隐患时及时上报；及时上交捡拾的各种物品。
（4）遵守邮轮上各项规章制度、劳动纪律、操作规范和服务要求，服从上级领导，提供优质服务。
（5）负责对日常所使用的清洁工具、设备进行检查保养，及时报告其损坏情况。

3. 咖啡厅服务员

（1）执行领班的工作安排，向其负责并报告工作。
（2）了解咖啡厅餐点饮品的服务程序，并能够严格按照服务程序及规程对客服务。
（3）保持咖啡厅环境整洁，确保餐具、布件清洁完好，备齐各种物料用品。
（4）解答宾客问题，收集宾客意见，及时向领班汇报。

4. 免税店售货员

（1）遵守相关规章管理制度，做好店面卫生清洁。
（2）解答宾客的咨询，了解宾客的需求并达成销售目标。
（3）负责做好货品销售记录、盘点、账目核对等工作，按规定完成各项销售统计工作。
（4）完成商品的来货验收、上架陈列摆放、补货、退货、防损等日常营业工作。
（5）完成上级领导交办的其他任务。

5. 管家

（1）向主管报告。
（2）在登船期间向每位套房宾客打招呼并自我介绍。
（3）为符合条件的套房宾客提供各种个性化服务和信息。
（4）提供宾客要求的所有食品和饮料订单。
（5）确保在登船前准备好分配的套房，配备所需的所有便利设施和信息材料。

三、服务展示文化

（一）餐饮服务展示

邮轮餐饮的一大亮点是个性化的服务，在整个航程中，宾客会由同一个服务员来招待，原则上服务员经过第一次服务后，就能记住宾客的习惯：爱喝黑咖、奶咖还是茶，爱喝啤酒还是红酒，吃不吃辣，以及偏好素食还是肉食等。分餐制能让服务员准确掌握每个宾客的饮食习惯，而且一道道上菜的方式更加优雅，同一餐桌上每个人的菜都会同时上来，空盘子会一起撤走，以保持餐桌的整洁。

如皇家加勒比游轮上的餐饮服务，不仅有宾客进门和离店的问候和感谢，真诚地微笑、致意以及细致耐心地点餐都是针对每位宾客的，既有标准的服务流程，也有服务员对宾客发自心底的欢迎及由衷的热情，宾客感受到的不是程式化的服务，而是宾至如归的暖心体验。服务员与宾客就像熟人一样，有目光的交流，他们了解宾客的口味，甚至能叫出宾客的名字。"让宾客宾至如归"就是皇家加勒比的服务宗旨。

（二）客舱服务展示

客房服务员负责所有客房和公共空间的清洁打理，维持干净整洁的居住环境。大多数邮轮上的客房送餐服务，也是由客房服务员来接单并送到客房。他们的另一个辖区是洗衣房，服务员要回收床单、毛巾、桌布、宾客要求清洗的衣物、员工的制服等，送往洗衣房清洗。从宾客抵达码头那一刻，客房服务就开始了。宾客的行李被运送到邮轮里，晚餐前后，所有的行李箱必须被安然送到每一个宾客的舱房前。以有 3000 多名宾客的"航行者号"为例，每个宾客携带一件托运行李的话，服务员就要处理 3000 多件行李，整个过程要耗费五个小时以上。

邮轮一天有两次客房服务，一次是上午，宾客出去吃早饭或使用船上设施时，客房服务员会打扫客房、补充洗漱用品和毛巾等；下午时分，宾客外出吃晚餐时，服务员会做第二次客房服务，给宾客开夜床。服务员会用毛巾折叠可爱的小动物，如猩猩、小狗、大象等（图 6-2），迎接宾客回房。

图 6-2　用毛巾折叠的小动物

宾客登船后在电梯口和廊道上就会遇到客房服务员向他们致意，并向他们指引客房的位置。宾客进客房后，会有客房服务员上门自我介绍，并致意。客房服务员在宾客的邮轮假期中扮演重要的角色，时刻让宾客有宾至如归的感觉。

（三）娱乐休闲服务展示

虽然邮轮娱乐部不是邮轮上最大的一个部门，但扮演着非常重要的角色。从小型活动、游戏组织的策划到大型剧场歌舞的演出，都离不开娱乐部船员的辛勤付出。娱乐部船员的主要工作就是给邮轮宾客带来高质量的娱乐演出活动，带来欢声与笑语，留给宾客美好的回忆。

娱乐部的掌门人是娱乐部总监，邮轮上的娱乐部门主要由几个部分组成：资深娱乐主持人、歌舞演员、灯光音响技术团队、儿童娱乐团队等。

资深娱乐主持人的主要职责是主持活动，为宾客带来一场场精彩纷呈的高质量演出，如交谊舞、拉丁之夜等，还参与社交活动，如船长鸡尾酒会、晚餐之夜等，并且可以带领宾客学习舞蹈。除此之外，其还需要确保所有的宾客都对邮轮上的娱乐活动有所了解，带领宾客参加测验、宾果游戏、歌舞表演、音乐节目、卡拉OK、体育赛事和甲板活动等。宾客若有意见与反馈，其要及时跟进并进行有效处理。

歌舞演员至少在排练前15分钟、演出前30分钟到达后台，为穿衣和热身留下充足的时间，为上台表演做好充分准备。其主要工作内容就是为宾客带来令人拍案叫绝的表演。爵士舞、拉丁舞、芭蕾、踢踏舞等各式各样的舞蹈表演精美绝伦；流行乐、摇滚、蓝调等风格的音乐表演精彩纷呈。除此之外，歌舞演员还需要定期参加邮轮公司组织的彩排、训练活动。

灯光音响技术团队人员为邮轮娱乐活动的正常开展提供了强大的技术支持。音响师与灯光师、舞台工程师密切合作，完成在船上剧院或泳池甲板上的表演、活动和排练；为船上DJ、乐队、灯光、舞台提供技术支持，如舞台搭建、视频拍摄、后期剪辑等；负责娱乐区整套娱乐设备的维护、管理。

儿童娱乐团队主要负责邮轮上青少年（3～17岁）娱乐、教育活动的策划与组织，并指导年幼儿童吃饭、休息、如厕等。除此之外，船员需要了解儿童心理学、教育心理学、沟通交际等知识，当儿童之间发生冲突或者需要额外关注时，船员需提供帮助，并有效解决问题。儿童娱乐团队成员都接受了有关医疗紧急情况的培训，如果孩子感觉不舒服或心烦意乱，他们会联系儿童的监护人。一些青年工作人员也接受过应对有特殊需要的儿童的培训，如自闭症儿童等。

本节从船员服务态度、服务技能、服务展示三方面详细阐述了船员服务文化。相信大家对邮轮服务有了更深刻的感悟。大家知道保障邮轮成功运行的是一个什么样的组织吗？它是如何保驾护航的呢？下一节我们将一一揭晓。

知识拓展

皇家加勒比游轮船员的生活

客房服务员不只要尽责细心地做好清洁和整理工作，我们也要求员工亲切友善地对待宾客，就像朋友和家人一样。我（"我"指皇家加勒比游轮"海洋光谱号"的娱乐总监）印象很深的是客房服务员钱德拉负责区域有个6岁小女孩，一开始很怕生，后来钱德拉每天会逗她玩，教她简单英文，航程结束的时候，小女孩哭着不肯走，舍不得她。

邮轮为什么会强调富有人情味的服务？船上娱乐总监常常讲一个段子，宾客老是问："船上的员工每天下班后去哪里了？"他都会告诉宾客："每天都有直升机在海上接送员工上下班,其实船上的所有员工,上班下班都一直在同一空间里——船上。我们哪儿都去不了,因此在一个航程里会与宾客频繁地接触和互动。在船上生活过,你才能真正体会所谓的'远亲不如近邻'。"

20世纪90年代我在走阿拉斯加航线的邮轮上工作,船上以美国老年退休宾客为主,追求晚年生活的快乐是他们的目标,也就是他们常常说的"生活是旅程而不是终点站",所以在国外常常能看到大半年都待在邮轮上的退休宾客。船上员工既把他们作为贵宾来服务,也把他们当家人一样对待。对这类宾客来说,邮轮就是第二个家,让他们能继续感受自己在社会体系中的存在感和幸福感,去取代相对枯燥的退休生活或老年福利院的单调生活。

(来源:刘淄楠. 大洋上的绿洲:中国游轮这10年[M]. 北京:作家出版社,2019:226-227.)

第三节 船员的准军事文化素养

从2018年11月23日起,伍会民成为首位皇家加勒比国际游轮公司的亚洲船长,也是国际邮轮行业首位华人船长。

"对于邮轮船长来说,操船技术不一定是船上最好的,但责任一定是最大的,安全始终摆在首位。记得有一次在从日本福冈返回上海的途中,邮轮上的医生向我汇报一位客人突发疾病需要尽快下船。人命比什么都重要!我当即决定将船开回日本。因为在这种情况下,我和公司都不会考虑经济上的损失,对病人来说,时间就是生命。所以说,船长需要有这种魄力。"

"船长还要善于团队的建设。如何把大家的力量拧成一股绳至关重要。邮轮上的员工来自全球,互相尊重是我们相处的基本原则。但是尊重也有底线,如果看到有不作为的,我也会当着所有人的面不留情面地批评,但不是乱发脾气,而是有理有据有节,做到公平正义。"

(来源:伍会民. 期待更多中国人来邮轮工作[J]. 中国远洋海运,2019(9):42-43.)

思考:邮轮上船长的职责是什么?

因为远离陆地,发生紧急情况时,邮轮难以及时得到外界援助。为了确保宾客和船员的生命安全,邮轮必须遵守一定的国际公约和海运法规,而要确保这些法规和相关公司流程的严格执行,必须有严格的军事纪律。同时,邮轮是漂浮的度假胜地,但与其他度假胜地不同的是,负责执行邮轮运营和保护宾客安全的是一个准军事化的组织。

一、邮轮军衔制

(一)邮轮军衔

在邮轮上,每一个船员都有军衔。船员在船上,就像在军队里,对上级的命令要绝对服从，不可越级和越线。邮轮上的准军事化结构和军衔制是从大西洋班轮时期承袭下来的传统，类似的结构也是整个航运业的传统。

邮轮上的船员分成长官、员工和普通船员。在餐厅、酒吧、客房、洗衣房工作的是普通船员，在销售部门工作的，如画廊、免税店、摄影部门等是员工，所有主管经理以上的级别、所有前台工作人员是长官。

每一位长官（officer）都穿制服、戴肩章，有明确的工作职责，只向一位上级长官报告，执行上级的命令。肩章上有几条杠，肩章上的标识和制服的样子可以告诉我们这位工作人员在准军事化组织里的等级和部门。

最低的等级是一条金色的杠，然后是半级半级往上升。半级的杠比一级的杠窄一些，是远离颈部、较窄的那条杠。在肩章的顶部，即靠近颈部的一侧是表明他或她在哪个部门工作的标识。

船长是船上的最高长官，肩章有4.5条杠，较宽的金杠表示1.5条杠，"钻石"标识表明在驾驶台——全船的指挥中心工作。在皇家加勒比邮轮系统中，船上有四位戴4～4.5条杠的高级长官，即船长（Captain）、副船长（Staff Captain）、轮机长（Chief Engineer）和酒店总监（Hotel Director）。员工的级别相当于1～1.5条杠，高于普通船员。部门经理、副经理和主管的级别为1.5～3.5条杠。

（二）邮轮准军事化组织结构

在邮轮这个准军事化组织里，每个船员都有各自的级别和明确的工作职责。如果没有按规定的职责执行任务，或者违纪违规，轻则要受到警告，重则要被降级或除名。下面（表6-1）以"海洋航行者号"为例来了解一下邮轮上的准军事化组织结构。

表6-1 "海洋航行者号"的准军事化组织结构

船长								
副船长				轮机长				
安全长官	安保长官	环境长官	资深医师	副轮机长	酒店维修经理	制冷总工程师	电气总工程师	
酒店总监								
人力资源经理	餐饮总监	航程娱乐总监	客户服务经理	财务部经理	客房部总监	市场收益经理	信息技术经理	采购经理

1. 船长

船长的首要职责是指挥开船。船长必须确保船是适航的，确保邮轮的安全行驶，在既定的航线和时间内，将宾客和船员安全舒适地送达指定的码头。而且在确保宾客的安全舒适上，船长的责任是至高无上、凌驾于任何商业因素的。

在邮轮自成一体的环境里，不管是宾客之间、船员之间还是宾客和船员之间发生纠纷，船长都要负责调解和审判，既担任陪审员，也是最后裁决的法官。船长还要兼任"外交官"和"政治家"，因为邮轮在航程中要与不同的国家和政府打交道，甚至处理一些国际政治问题。那么，什么样的人才能担任一船之长呢？

作为金字塔的顶端，船长其实也是从甲板水手做起的，一级一级地升迁到更高的位置。在国际海事组织（IMO）的官方文件中，船长被称为"Master"。要成为船长,必须去航海学校考取海船船员适任证(Master's License)。以此为起点,毕业生从学员开始,升迁为水手、二副、大副,然后晋升为副船长,经过优胜劣汰和实践,才能成为船长。船上可能有不少长官拥有船长执照,但能升到船长位置的,都是万里挑一的最出色的海员。

掌舵几千人的邮轮,面对瞬息万变的海上状况,能坐上船长的位置,这个人一定具备充分的经验和专业能力,有航行和法律的专业知识;同时又具有管理才能,必须善于进行人员管理,做一位倾听者和团队建设者。一个优秀的船长能记住几乎所有船员的名字,能和蔼地和所有员工沟通,即使员工犯了错,也能在平和冷静的气氛中解决问题。

肩负着管理全船的重任,承担巨大的压力,经常面临意外的挑战,好的船长要有宰相肚里能撑船的涵养和气度,不随意发泄情绪或暴怒。因为邮轮是创造幸福的场所,只有性格沉着、有处事能力的船长,才能维持船上祥和、安稳和欢乐的气氛。

2. 副船长

如果说船长是法规和流程的监管人,那么副船长就是法规和流程的执行者。副船长负责船上所有的维修、无线电通信、安全问题和船上的纪律。无论发生任何故障或纷争,他都必须立即采取措施,或者上报船长并给予处理意见。

安全是邮轮的重中之重。副船长要维护宾客、船员和设备的安全,包括确保救生设备、灭火设备完好和充足,船员受到过充分的培训,能熟练地使用安全设备和熟悉应急流程,并经常做演习。根据皇家加勒比的规章,船员在船上的资历少于3年的话,必须完成一个16小时的课程,学习紧急救助、心肺复苏、消防和救生的操作。

3. 轮机长

邮轮是一个大型、复杂的机械综合体,各个系统严丝合缝地一起工作,任何一个故障都可能影响船上几千名宾客和船员的生活和工作,牵一发而动全身。维护这个庞然大物的,是轮机长和他领导的团队。

一旦出故障,小到马桶堵塞,大到发电机不能运行,轮机长必须立即安排修复。要知道,邮轮在海上航行,出了问题不能打急救电话,无法请求外部维修人员上门或者要求零件商快递物料和零配件。轮机长必须防患于未然,保证船上任何时候都具备合格完备的技术力量和物料。

对于轮机长来说,最大的挑战是在突发情况下,尤其是关键设备出现故障的情况下保持冷静,凭借对船舶系统的了解,寻找应对方案,把故障对宾客及船舶安全航行的影响降到最低。

4. 酒店总监

酒店总监是酒店部门的主要负责人。酒店部门叶茂枝繁,管理的业务覆盖了餐饮、客房、前台服务、娱乐、商店、健身中心、水疗和摄影中心等,因此是船上最大的工作团队,成员占全船员工的83%左右。

在"航行者号"上,酒店团队有1030人,3400名宾客的吃喝玩乐、在船上的所有体验,都在这个大团队的责任范围以内。酒店总监的职责是管理提供给宾客的各种服务,保证这些服务都达到预设的水准,将营销部门承诺的度假体验付诸实施。

宾客在船上满意不满意，在岸上玩得尽兴不尽兴，都是酒店总监的责任。

二、准军事化文化与规则

（一）着装规则

作为准军事化组织，邮轮对长官们以及船员们有着严格的着装规定。船员着装规则如下：

（1）邮轮上的制服基本上都有白天和晚上两套。

（2）无论男女的发型都应该体现专业性，不允许非常规的颜色或发型。如在餐饮部门，发型要求更严格：如女士额头和耳前不可以有碎发，男士短发须定型等。

（3）女士不可以戴大耳环或耳坠，不可以有多耳洞，男士不可以戴耳钉。

（4）上衣裤子或裙装需熨烫平整，干净无污渍。

（5）鞋子须抛光，要着深色袜子且盖住脚踝，不能穿船袜。

（6）首饰上，最多只能一只手戴一枚戒指，禁止佩戴手链和项链。

（7）上班前要洗澡且使用气味清新的香水。

（8）笔和邮轮日程表也是制服的一部分。

船长有三套制服，第一套是白天的工作服，短袖衬衫配深蓝色长裤，衬衫肩袖上佩戴着肩章。第二套是晚上穿着的正装，在白天的制服外加一件深蓝色的双排扣外套。还有一套制服是正装夜的白色制服。

其他长官也都有两套制服，包括白天穿的白色制服和晚上穿的深蓝色（海军蓝）制服。船长、酒店总监和轮机长晚上穿的制服，除了深蓝色还有白色的。所以，晚上在船上穿白制服的一定是最高级别的长官。

（二）零容忍规定

一旦越界就会被开除的规定，叫作零容忍规定（Zero Tolerance Policy）。邮轮是个非常特殊的环境，载着几千名员工和宾客在公海航行。为了保证乘船环境足够舒适安全，方方面面都有严格的规章制度和执行标准。此外，邮轮上还认真实施国际海运组织、国际海洋公约、国际劳工组织等的相关规定，也严格遵守船籍国和停靠国的法律法规。更难得的是，船上的所有条款都没有仅仅停留在口号上，但凡被发现违反或被举报，过错方一定会被立即开除。

（三）"安全第一"原则

如果说船上有金科玉律，那一定是"安全第一"（Safety First）。除了各自岗位要求的知识和技能，每位船员从上船前的学习、考证，到上船后的培训、实操，都紧紧围绕着这个中心。例如，为保证船员注意力高度集中，SQM（Safety & Quality Management System，意为船舶质量保证体系）规定就算休息时船员血液内酒精浓度也要低于0.04%。这就意味着船员饮酒量的上限约等于一罐啤酒（约500mL）的三分之一；工作前四小时内则要求滴酒不沾，血液酒精浓度为零。为避免火灾发生，所有人都只能在船上的两三处指定区域吸烟，任何场所都不能堆积易燃物，要及时清理灰尘，保持警惕……此外还有频繁的安全会议、严格的安全监测和事故汇报程序，要求船员人人参与配合。哪怕不小心滑倒、夹手、碰了胳膊、磕下膝盖，但凡引起身体不适的，都算事故，要医务助理和船员、主管、经理、总监一级一级向岸上办公室汇报，再寻求可能的解决方法，努力防止类似事故再次发生。

除了面面俱到的安全准备外，邮轮上还强制要求员工掌握必要的逃生和救生技能，知道如何判断环境、如何保护自己和宾客。

（四）其他规则意识

最后，船员服务时要有规则意识，给宾客带来更好的服务体验的同时，也便于船长的准军事化管理。船员在上船之前，必须与船长签署《船长的规则与规范》协议，每个邮轮公司的协议略有不同，以下内容节选自皇家加勒比的协议：

（1）不能醉酒。
（2）不能持有毒品或攻击性武器。
（3）在船上不能使用粗俗的语言。
（4）不能打架。
（5）工作以外的时间，低于某个级别的员工不能出现在宾客的住宿区域或公共房间。
（6）任何时候都要尊敬长官。
（7）任何时候都要对宾客谦恭有礼。
（8）全体船员必须参与安全演习。
（9）全体船员执行任务时必须准时报到。
（10）船员不能误船。
（11）所有船员不能参与赌博。

每个船员都要有严格的规则意识，如果没有按规定提供服务，或者违纪违规，轻则要受到警告，重则会被降级或除名。

知识拓展

皇家加勒比游轮的准军事化制度

船上的准军事化、合同制管理，也对管理者提出了异于常规的要求。公司规定，团队员工出了小错，主管要给他负面记过（Negative Performance Opportunity Log，称 POL）；几次小错或一次大错，要给他口头警告（Verbal Counselling）或书面警告（Written Warning），书面警告在船员信息系统保留一年，在此期间的调度申请权会被直接剥夺；有两到三次警告便面临开除。以迟到为例，如果迟到几分钟到十几分钟会给 POL；迟到半小时左右，会给口头警告；严重迟到，直接影响宾客体验，会给书面警告；三次书面警告后会被"炒鱿鱼"。但人毕竟不是机器，无法保证零误差，所以船上的管理团队也需要有一定的灵活度，视情况而定。这个灵活度究竟有多大，几乎完全取决于管理人员的个人判断。

刚上船时我（"我"指皇家加勒比游轮"海洋光谱号"娱乐总监）和一位严格遵守公司规定的总监一起工作，团队小伙伴都管他叫"幽灵"，因为他总在悄无声息地蹲点监察我们工作的情况，像警察抓小偷一般，恨不得把我们的劣迹抓个现行。果然没到一个月，我就被开了几张负面记过（POL），其中一个至今都觉得哭笑不得，因为"宾客问路时邦尼只把方向告诉宾客，而没有亲自把宾客送过去"。一旦谁的表现不符合他的预期，就会被叫到办公室劈头盖脸一顿批评，挨完批评还得继续强扮笑脸去逗宾客开心。每每回想那短短的几个月时间，唯一的感觉就是紧张兮兮。这种管理方式也许让团队更警醒，但过多的负面反馈真的让人丝毫没有成就感可言，很难体会到工作的乐趣,更不用提什么娱乐工作本应具备的灵活性和创造力。

庆幸的是第二个合同是到美国上船,在那里终于体会到真正的"娱乐",也幸运地遇到我的伯乐——雨果,一位来自墨西哥的经理。他有那种从事娱乐工作的自然天成的天然和亲和。偶尔出错,战战兢兢生怕被记过时,他总笑着挥挥手,说:"没关系,我相信你,下次不要再犯同样的错就好。"这种信任和宽容丝毫没有让人放纵,恰恰相反,却让我暗自提高对自己的要求,由内而外生长出一种要好好工作的欲望和力量,特别想证明自己确实不差,好回馈他的信任和期待。雨果用言谈身教给予了我关于娱乐工作最深刻的启迪,也让我着实体验到,除了"警察抓小偷"之外,还有更多有智慧、有乐趣的管理模式。

(来源:小白. 环球追梦十万里[M]. 北京:华文出版社,2019:109-110.)

本章小结

本章主要讲解了邮轮船员的心理素质、职业素质、跨文化适应能力、服务态度、服务技能、服务展示以及邮轮军衔制和准军事化组织结构;重点介绍了岗位服务文化,包括岗位服务技能、餐饮服务展示、客舱服务展示以及休闲娱乐服务展示等,其中穿插案例和拓展知识,能够让学生系统直观地了解邮轮船员文化的相关内容。

实践实训

实训一

分为若干小组,通过查阅相关图书、网络资料或访谈,了解不同邮轮的船员来源,包括职位、国籍、性别、年龄等内容,将调研结果填入表6-2中。

表6-2 邮轮国际船员来源调研结果

调研项目	邮轮一	邮轮二	邮轮三	邮轮四	邮轮五
国籍占比					
平均年龄					
其他					

实训二

分组讨论调研结果,形成调研报告并以小组为单位将结果做成PPT,在课堂上与其他小组分享交流。

知识检测

1. 邮轮船员的职业素养有哪些?
2. 你认为自己适合在邮轮工作吗?并简述原因。
3. 请说明对邮轮"极致服务"的理解。
4. 请阐述咖啡厅服务员的服务技能。
5. 请简述船员着装规则。
6. 请阐述"安全第一"规则。

第七章　邮轮目的地文化

学习目标

▶ 能力目标

1. 能够正确介绍主要邮轮目的地的区位和特点。
2. 能够正确介绍主要邮轮目的地的历史和民俗文化。

▶ 知识目标

1. 了解世界上主要邮轮航线的分布和特征。
2. 熟悉主要邮轮航区的历史特色和代表性文化。

▶ 素质目标

1. 通过对主要邮轮目的地特色文化的学习，培养学生求真、广识的学习素养和客观、包容的人文情怀，为学生未来走向邮轮行业跨文化工作环境夯实文化基础。
2. 通过对主要邮轮目的地历史发展和与我国文化差异的学习，提升学生对本民族文化的认同感和荣誉感，增强爱国意识，培养爱国情怀。

章节导读

邮轮旅行的精彩之处除却邮轮本身，不同邮轮航线的目的地也是重要的吸引物。人们可以通过邮轮，抵达如珍珠般绚烂的海滨港城，欣赏美丽自然风光的同时，还可以静下心来，感受当地独特的文化和韵味。这种风格各异的邮轮目的地文化体验，正是邮轮旅游的魅力之一。在本章中，我们将从地理环境文化、历史文化和民俗文化三大方面介绍邮轮旅游目的地的文化特色。需要说明的是，考虑到邮轮航区涉及的广度，我们选择了比较有代表性的几个航区，分别是加勒比海航区、地中海航区、阿拉斯加航区和亚太航区，本章将逐一探讨这几个航区的文化特色。

第一节　加勒比海航区

案例导入

全球邮轮市场主要集聚在加勒比海、亚太地区、地中海、北欧及西欧、澳大利亚、阿拉斯加等区域，这六大区域占据 85% 的份额。从市场格局来看，加勒比海依然是全球邮轮市场最集聚的区域，2018 年加勒比海航区占全球邮轮市场的份额为

38.4%。从下图（图7-1）的数据可以看出，加勒比海航区是目前全球最受欢迎的邮轮目的地。

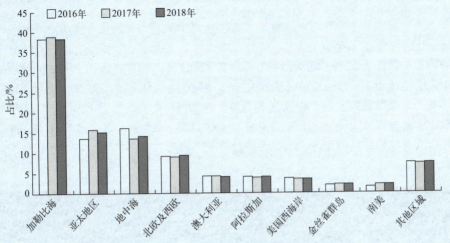

图7-1 2016-2018年全球邮轮游客市场分布情况

那么是什么原因使得加勒比海航区成为全球第一邮轮旅游目的地呢？

（来源：Hong Wang. Report on the Development of Cruise Industry in China (2019)[M].Shanghai：Social Sciences Academic Press，2020.）

思考：你对加勒比海的第一印象是什么？是阳光沙滩，浮潜胜地，还是它的特色文化？

一、地理环境文化

加勒比海是世界首选邮轮目的地，其有优越的地理位置、气候条件和浓郁的邮轮文化氛围。这里有绵延的海岸线、清澈见底且温度适宜的海水、新奇且丰富的水上运动，还拥有多个世界知名浮潜基地，使全世界热爱邮轮旅行的人们纷至沓来。

（一）区位和特点

加勒比海是位于西半球热带大西洋海域的一个海，西部与西南部是墨西哥的尤卡坦半岛和中美洲诸国；北部是大安的列斯群岛，包括古巴；东部是小安的列斯群岛；南部则是南美洲。加勒比海大部分位于热带地区，全年平均气温30摄氏度左右，总面积为275.4万平方千米，平均水深2491米。最低点是古巴和牙买加之间的开曼海沟，深达7680米，也是世界上深度最大的陆间海。

（二）航线特征

加勒比海航区一般可以分为北部和东部、南部以及西部。北部和东部的边缘主要是一连串从墨西哥湾一直延伸到委内瑞拉的岛屿（西印度群岛），包括北部的古巴、海地、多米尼加、牙买加、波多黎各和东部的小安的列斯群岛。南部主要有南美洲北部的几个国家，包括委内瑞拉、哥伦比亚和巴拿马。西部主要有中美洲的太平洋沿岸国家，包括哥斯达黎加、尼加拉瓜、洪都拉斯、危地马拉、伯利兹，以及墨西哥的尤卡坦半岛。

加勒比海航线邮轮母港和旅游航线出发港几乎全部位于美国,大部分位于美国南部的佛罗里达州,包括迈阿密、罗德岱堡、基韦斯特、卡纳维拉尔角、坦帕等,以及得克萨斯州的加尔维斯顿。加勒比海邮轮旅游可划分为东、西、南三条航线。

1. 东线

传统上把波多黎各以东的航线划为加勒比海邮轮旅游东线。东线一般从美国的佛罗里达州邮轮母港出发(如迈阿密、劳德代尔堡等),停靠主要港口有拿骚(巴哈马)、菲利普斯堡(荷属圣马丁)、巴斯特尔(圣基茨和尼维斯联邦)、夏洛特阿马利亚(美属维京群岛的圣托马斯岛)、圣胡安(波多黎各圣托马斯岛)、圣约翰(安提瓜和巴布达)、太子港(海地)等。下图(图7-2)为迈阿密夜景。

图7-2　迈阿密夜景

东线各岛屿(国)距离较近,在陆地上停留休闲的时间较宽裕。中世纪这里曾经海盗横行,留下了许多传奇故事和历史遗迹。加勒比海东线成为人们最常选择的一条航线。

2. 西线

加勒比海邮轮旅游西线一般从美国的佛罗里达州邮轮母港或得克萨斯州的加尔维斯顿出发,停靠主要港口有科苏梅尔(墨西哥)、科斯塔玛雅(墨西哥)、罗阿坦岛(洪都拉斯)、伯利兹市(伯利兹)、法尔茅斯(牙买加)、乔治敦(开曼群岛)、拉巴地(海地),以及佛罗里达州的基韦斯特。西线展现给人们更多的是文化层面的景观,岸上观光选择更加多样化。

西加勒比海的各停靠港口之间距离较远,此航线有更多海上巡航的时间,会有更多的时间在邮轮上。一般初次选择加勒比海邮轮旅游的游客以选择西线游居多。图7-3为伯利兹的旅游风光。

图7-3　伯利兹

3. 南线

南线一般从波多黎各的圣胡安出发。停靠主要港口有布里奇顿（巴巴多斯）、卡斯特里（圣卢西亚）、法兰西堡（马提尼克）、奥拉涅斯塔德（阿鲁巴）、威廉斯塔德（库拉索）等。南线属于探险路线，更适合有加勒比海旅游经验的人群。途经岛屿地势复杂多样，人烟稀少，火山与瀑布让前往的游客能领略到另一种加勒比海风情。图 7-4 为巴巴多斯的旅游风光。

图7-4　巴巴多斯

二、历史民俗文化

（一）历史文化

玛雅文化，是世界重要的古文化之一，是美洲非常重要的古典文化。玛雅文明孕育、兴起、发展于今墨西哥的尤卡坦半岛、恰帕斯、塔帕斯科和中美洲的一部分，包括危地马拉、洪都拉斯、萨尔瓦多和伯利兹，其当时流行地区的人口最高峰达1400万人。

玛雅文化是丛林文化，虽然处于新石器时代，但在天文学、数学、农业、艺术及文字等方面都有极高成就。玛雅人有自己的文字，词汇多达3万多个。有精美绝伦的雕刻、绘画和艺术。尤其是在天文方面，玛雅人把一年分为18个月，测算的地球年为365.2420天，现代测算为365.2422天，误差仅0.0002天。测算的金星年为584天，与现代测算50年内误差仅7秒。玛雅人至少在公元前4世纪就掌握了"0"这个数字概念，比中国人和欧洲人早了800年至1000年。玛雅人创造了20进位计数法。图7-5为玛雅文明遗址奇琴伊察。

图7-5　奇琴伊察

（二）民俗文化

1. 民俗节庆

（1）亡灵节：是墨西哥最盛大的节日之一，每年此时，墨西哥人都会搭建起圣坛来纪念死者，他们带着骷髅汤匙、万寿菊以及食物来到坟墓前，缅怀故去的亲人。

（2）三王节：三王节被称作西班牙的儿童节，为每年的1月6日，是当地最重要的节日之一。由于西班牙在美洲的殖民影响力，不少拉美国家也过三王节，如古巴、墨西哥、阿根廷、波多黎各、多米尼加共和国、巴拉圭、乌拉圭、哥伦比亚和委内瑞拉等国。

（3）狂欢节：世界上不少国家都有狂欢节。这个节日起源于中世纪的欧洲。古希腊和古罗马的木神节、酒神节都可以说是其前身。有些地区还把它称为谢肉节和忏悔节。该节日与复活节有密切关系。复活节前有一个为期40天的大斋期，在斋期里，人们禁止娱乐，禁食肉食，反省、忏悔以纪念复活节前3天遭难的耶稣，生活肃穆沉闷。于是在斋期开始前的3天里，人们会专门举行宴会、舞会、游行，纵情欢乐，故有"狂欢节"之说。

2. 现代文娱

（1）迈阿密海滩艺术装饰区（Miami Beach Art Deco）：该装饰艺术区包括20世纪30年代和40年代的800多座汇集众多奇思妙想的城市保护建筑，栋栋风格各异，或粉红，或淡紫，或青绿，或天蓝的各色粉彩建筑，是世界上最大的装饰艺术建筑群，也是美国面积最大的国家历史遗迹之一，是到迈阿密游览必到的景点。

这里有800多座新奇古怪的建筑，它们各成一派，但是汇聚在一起又显得和谐美好，共同形成了全世界最大的装饰艺术建筑群。明快轻松的时尚氛围贯穿整个区域，房子大都是三四层楼高，墙面色彩艳丽，与迈阿密迷人的海滩风情相得益彰，可以说是迈阿密最活泼文艺的地方了。图7-6为迈阿密海滩艺术装饰区夜景。

图7-6　迈阿密海滩艺术装饰区

（2）世界上最迷人的沙滩：美国的佛罗里达半岛外的罗萨尼拉沙州和海地岛之间的群岛是巴哈马群岛，世界上最性感的沙滩位于巴哈马群岛的哈勃岛，是由于当地近海的一种有孔虫的遗骸混合了白色的珊瑚粉末，有孔虫遗骸的数量达到了一定比例，于是沙滩呈现粉红色，在巴哈马也只有哈勃岛的沙滩是粉红色的。

（3）文娱购物指南：加勒比海航区囊括了许多独具特色的国家，游客在享受迷人的自然风光和人文风情的同时，还可以买到不少当地的特色商品。

巴哈马以手工艺品闻名，在其稻草市场上可以买到一些纯手工编织的垫子、帽子和篮子等，还有各类针织品、珠宝和手工木雕。游客还可以买一些当地的特色草药。牙买加盛产咖啡，其中蓝山咖啡最为知名，它是产自牙买加蓝山地区的一种高品质咖啡，其产量少，价格昂贵，游客在购买时要和市面上的蓝山风味咖啡区别开。墨西哥最主要的工艺是陶瓷艺术，在曾经的阿兹特克帝国，陶瓷被认为是最高的艺术形式，因此陶器是在墨西哥购物的绝佳选择。在墨西哥城还可以买到墨西哥各地的特产，如辣椒、龙舌兰酒和海产品等，更能看到充满民族风情的各种金银制品、首饰、陶器、皮具、草梗画和各种手工艺品。

3. 餐饮文化

（1）新奥尔良美食：新奥尔良有两大传统菜系，分别是克里奥尔（Creole）菜和卡真（Cajun）菜。克里奥尔菜较为精致，比较具有城市气息。而卡真菜比较质朴，带有乡村气息。不论是克里奥尔菜还是卡真菜，都是在不断的文化融合下产生的。

新奥尔良位于美国的路易斯安那州南部，坐落于密西西比河沿岸，是一座海港城市。经过法国和西班牙的殖民，并融入从非洲运来的黑奴，再加上其他国家和民族的移民，不同的文化在新奥尔良得到了融合。文化的融合给新奥尔良美食带来了开放包容的特性，克里奥尔菜和卡真菜也是在这种文化融合下产生的。

（2）墨西哥美食：墨西哥美食的历史要追溯到3000年前，墨西哥的旅行者把各种原料从中国、印度、欧洲带回了墨西哥，并与墨西哥的传统菜肴相结合，从而产生了900多种美味的墨西哥菜肴。

在墨西哥菜中辣椒是一个重要的组成部分，因为曾被西班牙统治过，而受到古印第安文化的影响，菜式以酸辣为主。辣椒也成了墨西哥人不可缺少的食品。墨西哥人是以嗜辣椒而闻名于世的。他们把辣椒、粟米、昆虫作为自己的三大国食。其吃辣椒的方式亦让人惊叹，生吃、入菜不稀奇，连甜品、饮品都能加进辣椒。不过辣不是墨西哥菜的唯一特色，墨西哥美食在饮食文化上秉承了玛雅、阿兹特克的特色，口味浓厚、色彩绚丽，以玉米、辣椒、马铃薯、可可豆为主食，后又以海鲜料理和多种清爽可口的蘸酱赢得了天下食客的称赞。

（3）牙买加国菜：阿基果（又名西非荔枝果）烩咸鱼是牙买加的国菜，也是牙买加的代名词，与雷鬼音乐和板球一样，都是这个国家的特有文化。这道用北大西洋咸鱼和有毒的西非水果做成的菜肴之所以会成为牙买加的国菜，与牙买加这个国家的殖民发展史有关。阿基果可能是在18世纪中期，被一艘来自西非的运奴船带到这个岛上的。咸鱼（通常用鳕鱼制作），则是在北大西洋捕捞并腌制的。在冰箱尚未发明的年代，烘干和腌制是保存鱼肉的主要手段。在殖民时期的牙买加，这两种食物是当地人的主食。

在了解了加勒比海邮轮航区的特色文化之后，下面我们一起来到另一个重要的邮轮航区——地中海航区，尽情感受欧洲文明的多姿多彩。

第二节　地中海航区

地中海沿岸可能集中了最多你熟悉的外国城市，从雅典到罗马，从威尼斯到巴塞罗那。这个区域孕育了西方文明，并且在极大程度上影响了当代人类社会。与此同时，这里又集中了南欧的自然美景，历来都是欧美人的消夏胜地。这里的热门地点包含但不限于："伊比利亚半岛的明珠"——巴塞罗那、"永恒之城"——罗马、"浪漫天堂"——普罗旺斯、"文艺复兴的摇篮"——佛罗伦萨等。

（来源：游轮文化季——奇迹号盛大开启欧洲首航！精彩的地中海航线你了解多少？[EB/OL].皇家加勒比游轮官网，2022-05-13.）

思考：你认为最能代表欧洲现代文明发源地的城市是什么？它的文化特色是什么？

一、地理环境文化

（一）区位和特点

地中海（Mediterranean），是世界上最大的陆间海，被亚、欧、非三个大洲环抱，沿岸国家众多。地中海气候独特，夏季干热少雨，冬季温暖湿润。

地中海是欧、亚、非三大洲的交通枢纽，是大西洋、印度洋和太平洋之间往来的捷径。西边有直布罗陀海峡，穿过它就能到大西洋；东南以苏伊士运河与红海相通，经红海出印度洋；东北部通过土耳其海峡（又称黑海海峡）与黑海相连。

地中海是世界上的强地震带之一。这里水下地壳破碎，地震、火山活动频繁，世界著名的维苏威火山、埃特纳火山即分布在本区。

（二）航线特征

地中海作为陆间海，航行地区比较平静，常见航线分为西地中海航线和东地中海航线。

1. 西地中海航线

西地中海航线包含西班牙、法国以及意大利等经典欧洲旅游目的地。其航线行程涵盖许多欧洲大城市和大港口，佛罗伦萨、罗马、那不勒斯、巴塞罗那、马赛、突尼斯、戛纳等欧洲著名旅游城市都位于西地中海航线上。沿着庞贝的古文明之路，一直走到现代艺术和西西里风情中，甚至能欣赏北非独特的风光，会让游客流连忘返。

2. 东地中海航线

东地中海航线从意大利的威尼斯开始，一路向东，穿越亚得里亚海和爱琴海，到达巴尔干半岛和小亚细亚半岛。东地中海航线通常被称为"古文明之旅"，航线经过埃及、希腊、土耳其、意大利等国。这条旅程会带游客见证亚历山大的辉煌、古埃及的文明，看遍爱琴海上的千百座迷人岛屿。

二、历史民俗文化

（一）历史文化

1. 海洋文化

人类的文明类型大致可以分为游牧文明、农耕文明和海洋文明等，欧洲的文明发展与海洋息息相关，是比较典型的海洋文明。西方古代的海洋文明最典型的就是古希腊文明，它是整个西方文明的源头之一。古希腊是一个地域的概念，并不单指某一个国家。它从公元前800年到公元前146年大约持续了650年时间，整个文明地域涉及爱琴海、马尔马拉海、黑海和地中海沿岸，孕育出影响西方的海洋文明，这都与其独特的地理结构有关。

整个欧洲大陆内部有着较多的山脉，平原的面积则较小。受到山脉的影响，古希腊各个城邦虽有着较近的距离，其内部交通却并不便利。如此一来，各城邦在相对独立的状态下发展。受地形条件的影响，小国寡民成为古希腊城邦发展的主要政治形态。正是由于这种小国寡民的特点，一旦人口的增加导致城邦无法负荷时，古希腊人就会通过海外的扩张和殖民来维系稳定的发展，所以说，海洋文明在最初就带有开放性和侵略性的特点。

2. 文艺复兴文化

文艺复兴是指发生在14世纪到17世纪的一场反映新兴资产阶级要求的欧洲思想文化运动。当时的人们认为，文艺在希腊、罗马古典时代曾高度繁荣，但在中世纪"黑暗时代"却衰败，直到14世纪后才获得"再生"与"复兴"，因此称为"文艺复兴"。

文艺复兴最先在意大利各城邦兴起，以后扩展到西欧各国，于16世纪达到顶峰。随着文艺复兴思想的传播，欧洲出现了许多杰出的代表人物和代表作品。比较有代表性的人物有文学三杰（但丁、彼特拉克、薄伽丘）、美术三杰（达·芬奇、拉斐尔、米开朗琪罗）。他们创作出了大量的优秀作品，如但丁的《神曲》、薄伽丘的《十日谈》、达·芬奇的《最后的晚餐》、拉斐尔的《带金莺的圣母》、米开朗琪罗的《大卫》、莎士比亚的《哈姆雷特》等。

（二）民俗文化

1. 民俗节庆

（1）圣诞节：圣诞节是欧洲重要的传统节日之一，一般为每年的12月25日。时至今日，圣诞节早已不限于欧洲，流行于美洲，并传播到了亚洲。装饰圣诞树、戴圣诞帽、寄送圣诞贺卡、进行圣诞购物、举行圣诞派对，已成为一种"圣诞文化"而风靡全球。

（2）各国特色节庆：欧洲各国有一些特色节庆，如伦敦的诺丁山狂欢节，在每年8月底开始，一般持续3天，在伦敦西区诺丁山地区开幕，钢鼓乐队、卡里普索歌曲、索加音乐是诺丁山狂欢节的灵魂。西班牙的奔牛节，在每年7月7—14日举行，一般持续7天，节日期间关于斗牛的内容包括狂欢活动、上午的赛牛、下午的斗牛等，是西班牙的传统节庆。意大利威尼斯狂欢节，是历史最悠久的狂欢节，从四旬斋的前一天开始，延续大约两周时间，其最大的特点就是它的面具。西班牙布尼奥尔西红柿大战，在每年8月的最后一个星期三举行，数以万计的参与者从世界各地赶来，在大街上投掷超过100吨熟透多汁的番茄。

2. 现代文娱

（1）足球文化：足球运动是一项古老的体育活动，源远流长，起源于我国古代的一种球类游戏"蹴鞠"，后来经阿拉伯人传到欧洲，发展成现代足球。而现代足球运动起源于英国，从英国走向欧洲，从欧洲走向世界，并发展成世界上最受欢迎的体育项目之一。从全世界范围内来说，欧洲是足球水平最高的一个大洲，整个欧洲的足球氛围非常浓厚。在欧洲的很多国家，足球并不仅仅是一种体育运动，更是老百姓的一种生活必需品。以西班牙为例，足球已经成为西班牙人生活的一部分。在西班牙的各个城市，无论大小区域，甚至每所学校都有一定规模的足球场。西班牙体育产业已经成为西班牙经济的一大支柱，是拉动西班牙经济增长的动力之一，足球是体育产业最大的单一项目。

（2）文娱购物指南：地中海航区囊括了许多独具特色的国家，游客在享受迷人的自然风光和人文风情的同时，还可以买到不少当地的特色商品。

在巴塞罗那最值得买的是西班牙名牌服饰，很多西班牙著名品牌的发源地、总部、工厂都在这里。另外，巴塞罗那也是世界著名的淘古董胜地，在哥特区那些古老的古董店中，游客时不时就能发现宝贝。

"水上之都"威尼斯最有名的是它的狂欢节面具，这些面具最能代表威尼斯人的精神，如今面具已经成了威尼斯狂欢节的象征。在威尼斯的穆拉诺岛上有各式各样的玻璃手工制品，穆拉诺玻璃镇纸是游客尤为喜爱的礼品和收藏品。威尼斯的手工蕾丝闻名于世，在威尼斯的布拉诺岛上，随处可见各式各样的蕾丝店。

作为名品之国意大利的首都，罗马自然也有很多国际名牌的直营店，无论是本土的还是外来的。意大利还有一种非常特殊的购物中心，称为Factory Outlet，即工厂直销店。在这里，游客可以以市面同等商品3～5折的价格买到各种国际名牌产品。

埃及的民间工艺品也是很不错的旅游手信，特别是纸莎草画，这种埃及的民间工艺品，以其浓郁的古埃及风情备受埃及当地人和国外游客的青睐。埃及的香精也是必买商品之一，它主要来自鲜花和树木，通过压榨、地下发酵等工序生产而成。除了精致的香精瓶子，海尔土希也是不错的选择。

（三）餐饮文化

1. 西班牙海鲜饭

西班牙海鲜饭本名为"Paella"，起源于西班牙的鱼米之乡——瓦伦西亚。在最初的海鲜饭里，原料中并没有海鲜。据说瓦伦西亚人做Paella的习惯能追溯到100多年前，当时海鲜无法保存，并不是家常菜，因此最早的瓦伦西亚海鲜饭是用大米、鸡肉（或兔肉）和豆角为原料，用深度不超过5厘米的平底浅口大圆双耳锅烹饪而成的一种菜肉焖饭。后来，喜爱享受美食的瓦伦西亚人又基于鸡兔肉烩饭，不断衍生出包含其他食材的烩饭，如蔬菜烩饭、鱼肉烩饭、海鲜饭等，品种丰富。

2. 马赛鱼汤

马赛是法国最大与最著名的海港城市，海鲜在当地饮食结构中占据了举足轻重的地位。它拥有一张让这座城市享誉全球的"美食名片"——马赛鱼汤。马赛鱼汤是一道起源于马赛并逐渐普及到全普罗旺斯地区的海鲜菜肴，最初是渔民随意炖煮渔获的菜肴，他们在打烊后把当天没卖出的鱼带回家，加入番茄、洋葱、土豆、西芹等蔬菜煮成浓浓的汤。不同于一般的西餐程序，在喝马赛鱼汤的时候分为鱼汤与鱼料两个环节，分别充当前菜与主菜的角色。前菜和主菜出自同一个汤锅，具有完全相同的基本风味，这与法餐的基本原则相悖，但由于鱼汤与鱼料在诸多细节上有着细微差异，因此不会令人感到味觉疲乏。

3. 那不勒斯比萨

有句话说，欧洲的比萨看意大利，意大利的比萨看那不勒斯。在这座欧洲名城，比萨永远都会是餐桌上的主角。那不勒斯比萨是一种配上了那不勒斯乳酪和作料的比萨。传统的那不勒斯比萨的面团，不使用擀面棍，而是只用手推压，四边的部分称为边缘厚片，这种做法是当地最为正统的。从严格意义上说，那不勒斯比萨的面团应仅用面粉、水、酵母、盐4种材料。正宗的那不勒斯比萨的配料只有两种，分别是玛格丽特和玛利亚娜，前者包括圣马扎诺番茄、初榨橄榄油、水牛乳制作的马苏里拉奶酪、磨碎的硬质干酪以及罗勒；后者更简单一些，只需要圣马扎诺番茄、初榨橄榄油、牛至叶以及大蒜即可。2017 年 12 月 7 日，那不勒斯比萨制作工艺被联合国世界遗产委员会评选为人类非物质文化遗产。

在了解了地中海邮轮航区的特色文化之后，下面我们一起来到另一个重要的邮轮航区——阿拉斯加航区，共同探索迷人的冰雪世界。

知识拓展

地中海航区

M7-1　地中海航区

第三节　阿拉斯加航区

案例导入

冰川，是阿拉斯加航区最大的亮点之一，而乘坐邮轮看冰川是最方便的方式之一，这也是为什么这么多人选择来阿拉斯加看冰川。夏季，海水在冰川底部咆哮，冲蚀出洞穴和沟渠，最终，不断融化的冰川薄得无法支撑时，便轰的一声塌下来。想要近距离观赏冰川，感受巨大冰川瞬间崩塌的震撼，也只有乘船，才能选择最安全、最佳的位置，目睹万年冰川崩塌的瞬间。

（来源：游轮文化季——成为阿拉斯加的船员有多酷？［EB/OL］.皇家加勒比游轮官网，2022-04-22.）

思考：你被这样的景象吸引了吗？阿拉斯加还有什么值得看的景象？

一、地理环境文化

（一）区位和特点

阿拉斯加州，是美国面积最大的州，也是除了夏威夷州之外，唯一不与美国本土相连的州，被称作美国的一块"飞地"。它位于北美大陆西北端，东与加拿大相邻，另三面环北冰洋、白令海和北太平洋。阿拉斯加地域宽广，加之地势起伏很大，导致州内气候多样。南部沿海、东南部、阿拉斯加湾岛屿和阿留申群岛属于温带海洋气候；内陆盆地属亚温带，比沿海干燥，也稍冷；白令海沿岸和岛屿属海洋性气候；中部高原属大陆性气候；极地平原属极地气候。跨越北极圈的阿拉斯加约有 300 万个湖泊，其中 94 个湖面面积达 25 平方千米以上。在美国 20 座高山中，17 座位于阿拉斯加。自然环境使阿拉斯加国家公园赢得"最后处女地"的称号。

（二）航线特征

阿拉斯加航区的邮轮航线主要有两种，一种是内湾巡游，即用最短时间看遍阿拉斯加的精华,也是比较经典的。举例来说,从美国的西雅图或者加拿大的温哥华出发,经鲑鱼之都——科奇坎、阿拉斯加州首府——朱诺和最美铁路终点——史凯威,再回到西雅图或温哥华,时间为 7~8 天。这条线路能够将阿拉斯加比较经典的港口城市看遍,但每个港口停留时间有限,很难有机会体验阿拉斯加人的真正生活。

还有一种线路是在内湾巡游的基础上,增加了深入阿拉斯加腹地的游览,如阿拉斯加最大的冰川——哈伯德冰川、学院峡湾、德纳里国家公园等,时间一般为两周左右,能够更加深入地体验阿拉斯加当地的自然风光和特色文化。图 7-17 为阿拉斯加的冰川风光。

图7-17　阿拉斯加冰川风光

二、历史民俗文化

(一)历史文化

1. 淘金文化

克朗代克淘金潮也叫育空淘金潮,被称为最后的大淘金。1896 年 8 月 16 日,克朗代克地区发现黄金。第二年当消息传到西雅图和旧金山时,淘金客蜂拥而至。在 1896 年至 1899 年间,这个地区吸引了各地大约 10 万人前来淘金。阿拉斯加州的克朗代克淘金潮是美国历史上规模最大的淘金潮之一。

阿拉斯加州的史凯威就是克朗代克淘金潮的发生地,也是阿拉斯加邮轮航线的必停港口之一。这里有一条有着百年历史的铁路——白通和育空铁路(White Pass & Yukon Route),是北美淘金热鼎盛时期的产物。

2. 图腾文化

位于阿拉斯加州科奇坎市的一个村庄——萨克斯曼,是世界上拥有最多图腾的地方之一。在 19 世纪后期,来自福克斯角和汤加斯的古老村庄的特里吉特人,发现了萨克斯曼，他们在这里建造的图腾历史公园是阿拉斯加图腾文化的发源地。这里有众多图腾柱雕艺术品，传统图腾柱使用天然颜料上色，颜色选择虽然有限，却又对比强烈，通常为黑、白、红、绿等。每根图腾柱都隐藏着一个故事，是史上出现最早的土著人民俗文化的载体，它们显示了古人对神灵与生灵的敬畏。图 7-8 为阿拉斯加科奇坎的图腾柱。

图7-8　阿拉斯加科奇坎的图腾柱

（二）民俗文化

1. 民俗节庆

阿拉斯加冬季嘉年华，被美国《国家地理》杂志评为世界最佳冬季嘉年华，是阿拉斯加历史文化的重要组成部分之一。在这里，游客有机会看到丰富多彩且趣味横生的活动，如奔鹿节、大胡子比赛、推马桶比赛等。

阿拉斯加民间音乐节云集了来自美国、加拿大等多地区的音乐节，旨在鼓励及发展阿拉斯加的民间音乐。该音乐节是非营利的，于每年 4 月举行，约持续一周。除了音乐表演之外，还会有舞蹈表演、艺术家讲座等一系列活动。

2. 现代文娱

（1）狗拉雪橇运动：阿拉斯加州一项非常受欢迎的运动项目就是狗拉雪橇，这是一种由犬拉着雪橇进行的运动和运输方式。一般由一只或多只雪橇犬在雪地上拉雪橇，或在裸地上拉车。早在 20 世纪初，雪橇犬就被用于食物、信件、药品等物资的运输。这是由于它们能够适应极其恶劣的天气，且能够将货物运输到马车、船只或火车等其他运输工具无法抵达的地方。随着阿拉斯加淘金潮的到来，人们对狗拉雪橇的需求日益增加，在火车修建完成之前，它成为运输黄金和劳动力的主要方式。随着时代的发展，这项运动逐渐演变成了一项深受人们欢迎的比赛形式，如著名的阿拉斯加州爱迪塔罗德狗拉雪橇比赛和育空狗拉雪橇运动等国际赛事，每年会吸引约 1300 只雪橇犬和成千上万的人从世界各地赶来。图 7-9 为阿拉斯加的狗拉雪橇运动。

图7-9 阿拉斯加的狗拉雪橇运动

（2）跨国铁路旅行：阿拉斯加州有全球最美铁路白通和育空铁路（White Pass & Yukon Route），这条铁路于1900年正式投入运营，全长177千米，横跨加拿大和美国两国，把美国的史凯威市和加拿大的怀特帕斯市连接起来。

这条铁路最初就是用来运送黄金和淘金者的。阿拉斯加发现金矿的消息传播开来以后，数以万计的淘金者来到阿拉斯加，一座座城镇出现了，铁路也连接起了金矿和港口。这条曾经运送黄金和淘金者的铁路现在已经成为阿拉斯加独具特色的观光线路，沿着这条线路，人们可以一路欣赏壮丽的北美峡谷、连绵不绝的原始山脉，还有远处的冰川以及挂在山壁上的瀑布。雪山、冰川、峡湾、寒带雨林，以及只在这里繁衍的动物，尽收眼底。图7-10为阿拉斯加的白通和育空铁路。

图7-10 白通和育空铁路

（3）文娱购物指南：阿拉斯加是美国的免税州，但也仅在安克雷奇一座城市免税。由于气候等原因，阿拉斯加的购物场所有限，除安克雷奇外很难见到大型的购物商场。大多数的购物地点为超市。这些超市货物非常齐全，包括食品、生活用品、衣物、礼品、书籍、家电，甚至枪支。阿拉斯加不适合种植作物，大部分食物均需从美国本土空运。这也致使食物价格非常昂贵。但这里却是购买冬季用品的好地方。寒冷的天气使得各种各样的保暖物品需求量很大，而这些物品的价格都很便宜，而且质量很好，游客可以带些初级装备轻装上阵，等到了阿拉斯加再购置余下的保暖装备。阿拉斯加还拥有大量的天然冰川融水，当地人会在一些山的顶部安装一个入水口，连接至山下，游客可以用小瓶装一些冰川融水作为极北之地的特产。此外，阿拉斯加的三文鱼、帝王蟹以及深海大比目鱼非常有名，游客可以购买真空包装易保存的产品。

3. 餐饮文化

（1）海鲜美食：阿拉斯加的美食包括各种海鲜，如烤鲑鱼、生食鲸鱼皮、炸鱼薯条等，当然还有很多其他的海鲜食材，如大比目鱼、帝王蟹等。

在阿拉斯加几乎所有的菜单上都有刚捕捞的鲑鱼。阿拉斯加人做三文鱼的方法有很多，可以蒸、烤或与其他菜同炒，新鲜的三文鱼清洗干净后还可直接切片生吃。阿拉斯加的白令海峡每年7、8月份是盛产帝王蟹的时间。这种蟹的蟹钳可达半米长，在阿拉斯加很多的海鲜餐馆都能吃到。帝王蟹的捕捞季节十分短暂，而且捕捞帝王蟹是十分危险的，因此它的价格也很高昂。

（2）驯鹿肉：像很多寒冷地带一样，阿拉斯加人习惯储存肉类，驯鹿香肠是阿拉斯加很多地区的主食，也可以作为零食食用。

（3）爱斯基摩冰激凌：爱斯基摩冰激凌是阿拉斯加最具代表性的甜品之一，因纽特人创造了这种甜品。一开始这种甜品只是为了在严寒时充饥，但随着时代的发展，阿拉斯加人已将这种甜品当成一种特色美食。当地人将海豹的油脂、麋鹿的脂肪、纯净的冰川融水、特色奶油及糖混合在一起，再配以新鲜树莓，就制成了这道独具地方特色的甜品。

在了解了阿拉斯加邮轮航区的特色文化之后，下面我们一起来到另一个重要的邮轮航区——亚太航区，体验亚洲古老文明的别样风情。

知识拓展

阿拉斯加航区

M7-2　阿拉斯加航区

第四节 亚太航区

> **案例导入**
>
> 按照邮轮旅游的航域,亚太航区可以分为三大分区:南太平洋分区、东南亚分区、远东分区。这一航区是世界邮轮市场中较年轻但发展速度最快的一个航区,尤其是中国地区。2006～2017年,中国在短短十余年间连续超越德国、澳大利亚和英国,一跃成为仅次于美国的第二大邮轮市场,并驱动亚太航区成为北美和欧洲之后的第三大区域市场。
>
> (来源:孙晓东,冯学钢.中国邮轮旅游产业:研究现状与展望[J].旅游学刊,2012,27(2):101-112.)
>
> 思考:中国作为亚太航区重要的邮轮目的地,你认为哪些因素促成了其邮轮行业的迅速发展?

一、地理环境文化

(一)区位和特点

亚太航区是亚洲地区和太平洋沿岸地区的简称。广义上,包括整个环太平洋地区。狭义上,亚太航区指西太平洋地区,主要包括东亚的中国、日本、俄罗斯远东地区和东南亚的东盟国家,有时还延伸到大洋洲的澳大利亚和新西兰等国。中国大多数学者持有狭义的观点。本节所述内容主要针对狭义亚太航区的相关情况。该地区所涉及的国家主要有:文莱、柬埔寨、印度尼西亚、日本、朝鲜、韩国、老挝、马来西亚、马绍尔群岛、密克罗尼西亚联邦、瑙鲁、新西兰、帕劳、巴布亚新几内亚、菲律宾、萨摩亚、新加坡、所罗门群岛、泰国、东帝汶、汤加、图瓦卢、瓦努阿图、越南、中国、蒙古国。

(二)航线特征

邮轮旅游在亚太航区虽然起步较晚,但发展速度居于世界首位,亚太航区是世界邮轮市场中较年轻但发展最快的一个分区,1992～2001年,亚太航区邮轮市场规模增加了134%,约占全球的3.5%。亚太航区正逐渐成为重要的邮轮旅游目的地之一,区域内客源市场规模也在不断扩大。

按照邮轮旅游的航域,亚太航区可划分为三大分区:南太平洋分区(澳大利亚、新西兰、印度尼西亚、巴布亚新几内亚等)、东南亚分区(马来西亚、菲律宾、新加坡、印度、越南等)、远东分区(中国、朝鲜、日本、韩国等)。

二、历史民俗文化

(一)历史文化

1. 儒家文化

儒家文化是以儒家学说为指导思想的文化。儒家学说为春秋时期孔丘所创,倡导血亲人伦、现世事功、修身存养、道德理性,其中心思想是恕、忠、孝、悌、勇、仁、义、礼、智、信。从汉武帝时代起,儒家文化被定为官学和主流的意识形态,成为影响中国社会各个层面的主流文化,后经历代统治者的推崇,两千余年而不变。

儒家思想对中国文化的影响很深,几千年来的封建统治宣扬的都是传统的责任思想、节制思想和忠孝思想,这些都是儒家思想和封建统治结合的结果。儒家学说不仅在中国,在东亚、东南亚也占有重要地位,并对那里的思想和文化产生了重要影响。在韩国和日本,伦理和礼仪都受到了儒家仁、义、礼等观点的影响,至今还很明显。儒学是在19世纪传入新加坡的。

2. 多元文化

亚洲是世界上面积最大、人口最多的一个洲。其文化在漫长的历史发展过程中呈现多元、交融的特点,在这里不仅有不同的政治制度,也有了多元的宗教文化和地域文化。作为人类文明的发祥地,亚洲先人们早就开始了文明交流互鉴。丝绸之路、茶叶之路、香料之路等古老商路,助推丝绸、茶叶、陶瓷、香料、绘画、雕塑等风靡亚洲各国,记录着亚洲先人们交往交流、互通有无的文明对话。可以说,亚洲各国在民族构成、宗教形态、伦理道德和人生价值观等方面既有差异又融会贯通,由此形成多元互补的亚洲文明。

(二)民俗文化

1. 民俗节庆

(1)春节

春节,是中华民族历史悠久、最为隆重的传统佳节。

由于历史上中华文明在政治、经济、军事、文化等各领域长期处于世界领先水平,由此形成了东亚文化圈,事实上东亚文化圈的国家几乎都有过春节的习俗,除我国之外还包括蒙古国、朝鲜、韩国、日本、越南、泰国、新加坡、菲律宾、印度尼西亚、马来西亚等国。

(2)元宵节

元宵节是中国的传统节日,从古至今已有数千年历史,衍生出无数的民俗活动,人们常在这一天逛庙会、看花灯,在吃食上也有着独特的食俗,元宵或者汤圆是必不可少的,象征着一家人团团圆圆。其实不只中国,亚洲还有很多国家是过元宵节的,各自都有不同的节日习俗和节日美食。

2. 餐饮文化

(1)中国美食:中国是文明古国,亦有悠久的饮食文化历史。由于中国幅员辽阔,地大物博,各地气候、物产、风俗习惯都存在着差异,长期以来,在饮食上也就形成了许多风味。中国一直就有"南米北面"的说法,口味上有"南甜北咸东酸西辣"之分,主要有巴蜀、齐鲁、淮扬、粤闽四大风味区。

中国传统餐饮在选料、切配、烹饪等技艺方面经长期演变而自成体系,具有鲜明的地方风味特色。清朝时形成川、鲁、粤、苏四大菜系。民国时形成了中国著名八大菜系,即:鲁菜、川菜、粤菜、苏菜、闽菜、浙菜、湘菜、徽菜。除影响较大的八大菜系外,还有药膳(鲁菜系的起源)、东北菜(东北)、赣菜(江西)、京菜(北京)、津菜(天津)、豫菜(河南)、冀菜(河北)、鄂菜(湖北)、本帮菜(上海)、客家菜等地方特色菜系。

(2)日本料理：日本料理非常讲究保持食物的原味，不提倡加入过多调料，以清淡为主。对菜肴的色有着很高的要求，不但使用各式各样非常精致的盛器来装食物，而且对食物的形状、排列、颜色搭配也有很细腻的考虑。传统的日本料理很少用油，寿司、生鱼片都是十分清淡的食品。

日本料理最具代表性的有四种。一为公家盛宴，源于日本的平安时代，是一种权贵家族为了招待客人而衍生的多品种会客料理。二为精进料理，是一种禅宗僧人推广的素菜，以蔬菜、豆子、谷物、海藻等植物为原材料的料理。三为本膳料理，为日本传统武家的料理形式。四为怀石料理，诞生于日本安土桃山时代，是在茶道中喝茶前的简单饮食。如今的怀石料理作为日本料理的代表，演化为更接近公家盛宴的会席料理。

(3)韩国泡菜：韩国泡菜是韩国最具代表性的传统料理之一，是朝鲜半岛一种以蔬菜为主要原料，以各种水果、海鲜、肉类、鱼露为配料的发酵食品。泡菜代表着韩国烹调文化，由于韩国所处地理位置冬季寒冷、漫长，果蔬无法生长，所以韩国人用盐来腌制蔬菜以备过冬。

(4)东南亚菜：东南亚菜分为泰国菜、越南菜、印尼菜，新加坡菜、马来西亚菜等，口味通常偏酸辣，会大量且广泛地运用各种新鲜香料，如金不换、薄荷、紫苏、香茅等。东南亚菜其实在做法上都属同宗同源，只是口味不同，通常都会用到椰浆、咖喱、鱼露、香料等调味料，而且以海鲜、鸡肉、猪肉为主，牛羊肉都比较少。

3. 现代文娱

(1)上海特色马路：南京路，一直以来被誉为中华商业第一街，素有"十里南京路，一个步行街"的称号，路旁遍布着各种上海老字号商店及商城，是上海开埠后最早建立的一条商业街。它东起外滩，西迄延安西路，横跨静安、黄浦两区，全长1033米，以西藏中路为界分为东西2段。广义的南京路包括上海十大商业中心中的2个：南京东路与南京西路。狭义的南京路即1945年以前的南京路，专指今天的南京东路。南京西路则是和今天的淮海中路齐名的上海顶级商业街区。

淮海路位于上海市中心人民广场区域，是上海最繁华的商业街之一，与南京路齐名，是全上海公认的最美丽、最摩登、最有"腔调"和情调的一条街，源于约150年前属于上海法租界的霞飞路。直到1949年中华人民共和国成立以后，为了纪念中国人民解放战争中著名的淮海战役而改名为淮海路。广义的淮海路一共包括3段，其中最为繁华的就是从陕西南路到龙门路、长约2千米的"东方香榭丽舍大街"——淮海中路商业街。这是一条堪与巴黎的香榭丽舍大道、纽约的第五大道、东京的银座、新加坡的乌节路媲美的大街。

(2)日本温泉：日本由于处于环太平洋火山地震带上，地壳运动活跃，因此有着非常丰富的地热资源，温泉遍及日本各处。相关资料显示，日本从北到南有2600多座温泉，每年约有1.1亿人次使用温泉，因此日本有"温泉王国"的美称。

日本各地温泉度假村林立，其中不乏邮轮所到之处。其中，位于九州地区的别府作为温泉的代表地广为人知。别府及周边地区最具代表性的温泉地共有8处,号称"别府八汤",包括别府温泉、柴石温泉、龟川温泉、明矾温泉、铁轮温泉、堀田温泉、观海寺温泉和滨胁温泉。

(3) 澳大利亚大堡礁:澳大利亚大堡礁,是世界最大的珊瑚礁群,位于南半球,它纵贯澳大利亚东北沿海的昆士兰州,北起托雷斯海峡,南到南回归线以南,绵延伸展2011千米,最宽处240千米,有近千个岛礁和浅滩,自然景观非常特殊。大堡礁于1981年被列入世界自然遗产名录。风平浪静时,游船在此间通过,船下连绵不断的多彩、多形的珊瑚,就成为吸引世界各地游客来猎奇观赏的最佳海底奇观。心形礁,是大堡礁的一部分,形如其名,是大堡礁必看的景点之一。在大堡礁,游客可以去浮潜、乘坐玻璃底船和半潜水艇,进行海底漫步和深潜等体验活动。

(4) 文娱购物指南:上海是闻名于世的商业都市,有"中华商业第一街"南京路、淮海路、金陵东路、四川北路、豫园商业旅游区、不夜城商城、徐家汇、浦东张扬路商城等地。商店鳞次栉比,商品琳琅满目。上海的商品素以牌子老、质量高、品种多、规格齐闻名于国内外。上海梨膏糖历史悠久,最早可以追溯到唐朝。它是用纯白砂糖与杏仁、川贝等十四种国产优良药材熬制而成,有止咳平喘、生津开胃的效用。奶油五香豆选用嘉定产"三白"蚕豆,添加茴香、陈皮、桂皮、食糖、香精等配料烧制,口感软中带硬,咸中带甜,沪语有"勿吃城隍庙五香豆,等于没来过上海"之说。上海织绣分为刺绣、抽纱、机绣、地毯绣等七大类,以顾绣最为著名,至今已有四五百年历史。

日本有不少值得购买的特色商品,如日本的化妆品和药妆,日本的药妆价格便宜,有一定的质量保证,几乎是每个去日本购物的游客都会选择的产品之一。箱根娃娃是日本具有代表性的土娃娃,也是民族传统手工艺品,它以光滑白皙的皮肤和柔和的色彩而闻名。日本清酒也是很不错的伴手礼,它是以大米和天然矿泉水为原料,经过制曲、终酿等工序,经过平行复合发酵而成。此外,卡通产品、玩具、北海道饼干以及抹茶产品都是深受游客喜爱的特色商品。

新加坡作为一个购物度假胜地,有着许多百货商场和特色购物街,也有很多值得带回同家人分享的特产。斑斓蛋糕是新加坡国宝级的伴手礼,其最中心是绿色的。它由斑斓叶捣碎成汁,混合到蛋糕材料中制作而成。新加坡肉干非常美味,肉干是肉片加上配料调味制作。新加坡的虎标万金油享誉国际,是很多游客来到新加坡的必买特产。

澳大利亚旅行中值得购买的商品极具地方特色。作为世界上畜牧业最发达的国家之一,澳洲出产的羊毛制品在全世界范围内都有极好的口碑,不管是羊毛围巾、羊毛鞋还是绵羊油,都是去澳大利亚旅游非常值得购买的商品。此外,产自澳洲的奶制品、保健品和化妆品也是很受游客欢迎的特产。

知识拓展

亚太航区——澳大利亚

M7-3 亚太航区——澳大利亚

本章小结

本章主要讲解了四个主要邮轮目的地的文化特色，具体包括地理环境文化和历史民俗文化两大方面，其中穿插案例和拓展知识，能够让学生系统直观地了解邮轮目的地文化的内容。

实践实训

实训一

分为若干实训小组，通过查阅相关图书或网络资料，了解不同邮轮目的地的区位特点、航线分布、历史文化和民俗文化等内容，通过项目作业的形式制作PPT并进行简要汇报。

实训二

根据自己的旅游经历，围绕邮轮目的地文化撰写一篇游记，重点介绍当地的特色文化和文娱购物等信息，并通过微博或者其他网络平台进行发布。

知识检测

1. 邮轮主要的目的地有哪些？
2. 简要阐述四个主要邮轮目的地的文化特色。
3. 如果你是一名邮轮岸上线路销售人员，会如何向客人推介各大邮轮目的地的文化资源？
4. 思考邮轮目的地的文化特色在整个邮轮旅游中的作用。
5. 如果让你选择一个邮轮旅游目的地，你会选择哪一个？为什么？
6. 除了本章所讲述的邮轮目的地外，你还了解哪些邮轮会抵达的国家或地区？请简要描述它的文化特色。

第八章　打造中国本土邮轮文化

学习目标

▶ 知识目标

1. 了解和掌握世界邮轮历史文化发展趋势。
2. 了解有助于邮轮文化实现本土特色化的举措。

▶ 能力目标

1. 能够理解和分析世界邮轮文化积淀的现实意义。
2. 能够把握打造中国特色邮轮文化的正确路径。

▶ 思政目标

1. 通过学习世界邮轮文化，了解我国本土邮轮文化的发展方向，增强文化自信。
2. 通过中国本土邮轮文化的学习，增强学生对中国邮轮行业的认同感，激发学生对祖国的自豪感和责任感。

章节导读

邮轮文化与邮轮相伴而生，世界邮轮经过百年发展，已经形成了一套完整而固定的邮轮文化体系。中国邮轮产业目前处于初期发展阶段，培育中国本土的邮轮文化是本土邮轮产业发展的重任。邮轮文化与我国本土特色文化相结合，打造我国本土邮轮文化，增强中国邮轮产业的国际竞争力，任重而道远。

第一节　世界邮轮文化回顾

案例导入

世界邮轮出现至今已有约两百年的历史，可以说邮轮是基于西方航海文明强大的基因，并加持了近现代科技而形成的产物。从一开始，世界邮轮文化就有着强大的影响力，如1858年在英国建成的"大东方号"（Great Eastern）可谓科幻文明萌芽时期的纪念碑，它促使"海上城市"成为人们对邮轮的第一印象，并由此引发了世人对大型邮轮的文化崇拜。

（来源：杨冯生．世界超级邮轮大百科［M］．北京：机械工业出版社，2019.）

思考：邮轮文化的产生对世界邮轮发展的影响是怎样的？

中国发展本土邮轮文化首先要充分吸收世界邮轮发展历程中积累的优秀文化成果，然后要充分考虑到现阶段中国的国情，增加一些中国独有的文化元素，培养国人的本土邮轮情结与民族思维，打造中国本土邮轮文化的时代命题，设计中国邮轮产业发展的成长路径，为增强中国邮轮的国际竞争力做好文化铺垫。

一、世界邮轮文化品鉴

来自萌芽、生成与升级过程中的世界邮轮文化精髓，是中国本土邮轮文化发展过程中可以借鉴的国际经验。

（一）跨洋班轮时代的经典邮轮文化

现属嘉年华集团的冠达（Cunard）是世界邮轮发展史上的经典品牌。冠达邮轮文化被业界认为是跨洋班轮时代最成功的邮轮文化的代表，也是冠达作为唯一得以幸存至今的跨洋班轮品牌的"秘密"。

1. 冠达代表了世界邮轮的历史起源

1840年，加拿大人塞缪尔·丘纳德（Samuel Cunard）创办的冠达公司获得了英国皇家海军的北大西洋月度邮政运输业务的标书，该公司同年投入运营的第一艘船"不列颠尼亚号"（Britannia）被看成世界上的第一艘邮轮，其船名还通常携带前缀 RMS（Royal Mail Ship，M 表征其邮轮的属性，R 彰显皇家荣耀）。

为了纪念"不列颠尼亚号"，冠达邮轮设置了"不列颠"餐厅，这已经成为冠达的经典文化符号，并显示着皇家的奢华品位。除此之外，同属嘉年华集团的公主邮轮的成功经验同样值得研究与借鉴。

2. 冠达代表了世界邮轮的先进文化

邮轮自诞生后一直是世人实践科技与艺术的前沿阵地，邮轮文化通常彰显着所属时代最先进的一面，如远洋邮轮普遍追求的高航速就代表了相应时代世界领先的科技成果，而表征这一成就的蓝飘带奖是邮轮历史文化的图腾。

在冠达过去拥有的248艘邮轮中，获得蓝飘带奖的多达15艘，如"卡帕尼亚号"（Campania）、"毛里塔尼亚号"（Mauretania）、"玛丽女王号"等。除了重视航速和安全，冠达的先进性还体现在它的核心竞争力方面：一是提高对邮轮二等舱的重视程度，加大了冠达的商业竞争优势；二是早在1922年就率先开辟世界巡游航线，将邮轮文化与旅游文化有机结合。

以冠达为代表的邮轮品牌，在19世纪末至20世纪30年代期间，缔造了一个充满魅力的邮轮盛世，史称"海上黄金年代"。嘉年华集团收购冠达后，跨洋班轮的历史文化继续被传承。

（二）海上黄金年代的主题邮轮文化

当今还有一个熠熠生辉的国际邮轮品牌，它就是从属于迪士尼的迪士尼邮轮。尽管迪士尼拥有自己的邮轮始于20世纪末，但迪士尼邮轮文化却始于海上黄金年代。1995年，迪士尼委托意大利芬坎蒂尼为自身创办的邮轮品牌建造第一代邮轮，即"魔力"级（Magic Class），首制船"迪士尼魔力号"（Disney Magic）于1998年开始运营后，迅速大获成功。究其原因，主要有以下几个方面：

1. 来自迪士尼的文化沉淀

迪士尼是华特·迪士尼公司的简称，它成立于1923年，其经典动画电影《威利号蒸汽船》中的角色米老鼠在30年代时可谓全球著名的好莱坞明星。1935年6月3日，当"诺曼底号"处女航抵达纽约时，除了哈德逊河两岸蔚为壮观的迎接人群，人们还用拖船拖着充满氦气的巨大米老鼠气球簇拥着举世无双的梦幻邮轮。从"诺曼底号"开始，邮轮上也有了电影院。从1985年开始，通过与总统邮轮的合作，迪士尼将其经典角色搬上了邮轮舞台，就这样迪士尼从一开始就与邮轮在文化上形成了相得益彰、相互促进的关系。

2. 结合了影视主题

迪士尼作为全球顶级的娱乐公司之一，将其文化创意融入邮轮领域，促进了邮轮产业的多样化发展、邮轮文化的深层次发展。每艘迪士尼邮轮上的娱乐项目都致力于演绎迪士尼影视故事的主题，例如《灰姑娘》《美女与野兽》《加勒比海盗》《冰雪奇缘》等电影被改编为音乐剧，每晚在迪士尼邮轮的剧场中轮番上演，以便宾客们重温影视经典。除此之外，最新的迪士尼"愿望号"（Disney Wish）上有一家精品店，为3至12岁的儿童提供神奇的"改头换面"服务，通过发型设计、服装和配饰搭配等将3至12岁的儿童扮成迪士尼电影故事中的一员，使他们融入迪士尼邮轮的主题文化活动之中。

3. 继承了历史上的经典邮轮文化

迪士尼邮轮的诸多特征呼应了与公司创办之初同期的邮轮黄金时代的特征：从邮轮外观设计层面，结合了大西洋型首尾柱形态的船型、桥楼型长上层建筑、含假烟囱的双烟囱造型、外置式仿通风管设施、维多利亚式的整体涂装、船体醒目的黄色涂装带、红黑分明的烟囱涂装、船首尾纹饰等，其中特意通过增设前假烟囱以形成类似"不莱梅"级的双烟囱轮廓，成为迪士尼邮轮外在美感的重要来源；从邮轮内部设计层面而言，大堂的灯饰、门饰、栏杆式样等大多采用了现代装饰艺术风格（图8-1），是邮轮黄金时代的文化符号。

图8-1 迪士尼"魔力号"中庭的现代装饰

（三）现代邮轮度假时代的大众邮轮文化

随着以挪威加勒比海邮轮公司为代表的新品牌陆续推出面向大众的现代邮轮旅游服务，并将周期设定为全年，现代邮轮度假时代正式开启。1970 年，世界上第一艘专为大众巡游而定制的邮轮——"挪威之歌号"（Song of Norway）交付给皇家加勒比邮轮公司，一个引领现代邮轮度假时代的新巨头崛起。到 20 世纪末，大众邮轮度假产业已经成为全球现代旅游业中不可或缺的重要组成部分。从面对大众的现代度假邮轮的探索与壮大历程中，世界邮轮文化在继承与创新中获得了前所未有的发展。

1. 邮轮文化传统的传承

传统邮轮文化提高了面对大众的现代度假邮轮整体的文化品位。如在邮轮服饰文化方面，当前很多新兴邮轮不如冠达这样的老牌邮轮公司要求严格，但包括嘉年华和皇家加勒比等在内的大多数主流大众邮轮上，在正式之夜或到剧场观看表演时，男士至少要着衬衫、领带和西装夹克；女士至少应穿套装或裙装。目前几乎所有邮轮公司都禁止在休闲长廊穿休闲装、休闲短裤、T 恤和牛仔裤；儿童和青少年的正式着装规范与成人相同。

2. 世界邮轮文化的变革

面对大众的现代邮轮度假产业创新令世界邮轮文化不断发生变革。在邮轮创新方面，皇家加勒比邮轮规划设计的创新及对邮轮娱乐的改良成果丰硕，包括首次把皇家大道搬上大型度假邮轮的"航行者"系列、首次把邮轮社区概念带入度假邮轮的"绿洲"系列，并以此形成了自身品牌的商业卖点及文化符号。海上旱冰剧场的专业演出、顶层甲板上的冲浪课程等精彩纷呈的皇家加勒比系列邮轮把面对大众的现代邮轮度假体验提升到了新的高度。

二、世界邮轮文化的发展趋势

在过去数十年的时间里，以大众为主的现代度假邮轮已占据了邮轮业态的主流地位。邮轮文化未来的发展趋势如何？下面以正在建设的新型邮轮为例，进行剖析和探讨。

（一）开启邮轮新时代的"爱极"（Edge）级邮轮文化创新

自 2020 年年初以来，虽然全球邮轮运营笼罩在新冠肺炎疫情的阴霾之中，但邮轮升级势不可挡。精致游轮"爱极号"（Celebrity Edge）是皇家加勒比集团旗下最令人振奋、最具创新性、功能最多变的邮轮之一，它以创新的基因和品牌深厚的文化开启了现代邮轮新时代。其突破性的创新包括一个升降式的悬臂平台、无限阳台以及屋顶花园等。

1. "魔毯"（Magic Carpet）

海上独一无二的升降式接驳平台——"魔毯"（Magic Carpet），体现了"爱极"系列最独特和最创新的功能。它是世界上第一个悬臂式的、漂浮的平台，是令人难以置信的工程壮举，达到了海平面以上 13 层的高度，平时可在 2 层到 17 层之间上下升降，在邮轮停靠港口的时候可充当上下船的平台使用，晚上可成为一个完美的甲板露天餐厅，而白天常常停留在 5 层作为一个延伸的酒吧，宾客可以一边享受美酒，一边欣赏现场音乐表演。

2. 无限阳台（Infinite Verandas）

无限阳台是"爱极"系列另一个独特创新，被业界认为是具有示范性的一大进步。它融合了舱房的室内和室外空间，巧妙地使阳台成为室内空间的一部分，比一般的阳台舱多出23%的空间，从而大大增加了舱房的面积，加大了游客休息享受的空间。阳台上设有可封闭的窗户，按下一个按钮可以将窗户完全关闭，而阳台和舱房之间的双折门将完全打开，从而形成一个完整的整体。而窗户打开时，双折门会完全关闭成为传统的阳台。

3. 屋顶花园（The Rooftop Garden）

精致游轮"极致"（Solstice）系列酒店设有受欢迎的顶层草坪俱乐部，拥有真正的草地，适合休闲和野餐；其"千禧"（Millennium）系列有屋顶露台，是一个提供饮料和电影服务的别致空间；而"爱极"系列的屋顶花园则集合了两者的特色，是一个充满活力、有着郁郁葱葱的绿色植物和雕塑的特色区域。白天，这里会举办瑜伽和游戏活动。晚上，宾客们可在此欣赏现场音乐和电影等。

（二）邮轮新时代邮轮文化的特色创新

"爱极"级开创了邮轮新时代，之后结合了各自个性化特点的一批新邮轮接踵而至，除了"爱极"级升级版的精致"超越号"（Celebrity Beyond），还有诺唯真邮轮全新一代的"领途"（Prima）级、地中海邮轮全新一代的"世界"级（World Class）、迪士尼全新一代的"特里同"（Triton）级首制船等纷纷出现。在传承邮轮文化丰硕成果的基础上，它们进行了个性化的特色创新，预示着世界邮轮的更新换代已来临。下面分别以诺唯真、地中海和迪士尼的最新邮轮为例进行介绍。

1. 诺唯真邮轮的"领途"级

"领途"级邮轮的设计师们致力于将大众邮轮带入更高的境界。诺唯真当下船队中最主要的成员是诺唯真"喜悦号"（Norwegian Joy）以及它的姐妹船。对于计划多达6艘的"领途"（Prima）级，诺唯真一直以"李奥纳多计划"（Project Leonardo）作为项目代称，称其不仅有大体量，而且将更重视文化内涵。

2021年下水的诺唯真"领途号"（图8-2）借鉴了地中海邮轮"海岸线"级（Seaside

图8-2 诺唯真"领途号"

Class）的弧形船尾设计，同时令上层建筑往里缩，为创造令人心旷神怡的滨海空间提供了基础，同时，滨海玻璃桥、滨海餐厅、可看海景的桑拿浴室、无边际泳池等设计都加强了宾客对魅力海湾的体验感。此外，大量高品质的客房拥有极为宽敞的空间，精心布置的现代装饰搭配明亮的色彩，大幅提高了舒适性和文化内涵。

2. 地中海的"世界"级

作为巨型邮轮的地中海"世界"级首制船，"欧罗巴号"（MSC Europa）已经下水，超20万总吨，可容纳多达6700名旅客。虽然它是巨型邮轮，但它并没有带给人一味强调"大而全"的旧时代邮轮的印象。设计师把这个巨大的规模充分利用了起来，做出了整体提高大众邮轮文化层次的有益尝试。

囊括更多元、更独特的主题空间，凸显了不同层次的邮轮文化。上层建筑后部标志性的"Y"形甲板，结合地中海邮轮一脉相承的欧式装潢，创造了一种极富大都会气息的城市广场景观——集娱乐、餐饮、购物于一体"欧罗巴大道"。专为成年旅客打造"禅境"的同时，还有配备多达十种全新儿童游乐设施的独立亲子互动空间，可满足不同年龄段宾客的需求。餐饮不仅突破了地理边界，带来全球的佳肴，更有季节性珍稀美味，打造了更为沉浸式的餐饮体验。

3. 迪士尼邮轮的"特里同"级

迪士尼邮轮"特里同"级首制船"愿望号"，寓意"勇于探索世界、体验世界的美好愿望"，是迪士尼邮轮过去十年来接收的第一艘新建邮轮，也是迪士尼最大、最具创新性的邮轮。在船上，迪士尼将那些观众耳熟能详的动画角色与虚拟现实技术结合在一起，为宾客提供全新的沉浸式体验，这是邮轮业首次引入类似戏剧体验的娱乐文化创新与变革。

"愿望号"配备了海豚鼠（AquaMouse）游乐设施、六个游泳池、崭新的高级餐厅、全封闭运动场、为儿童设立的漫威超级英雄学院和为成人设立的星球大战休息室等。船首喷涂迪士尼经典角色米妮船长（Captain Minnie），大礼堂有灰姑娘雕像（图8-3）等。船上文化氛围的营造与硬件设置的创新代入了更多的迪士尼主题，处处体现了迪士尼邮轮特有的品牌文化。它还特别强调"乐趣"，如迪士尼"梦想"级"水上过山车"在小艇来回穿梭的基础上，将更多的高科技设施和想象力工坊完美地融合到新船中。如华特迪士尼剧院（Walt Disney Theatre）（图8-4），具有最先进的投影映射功能和杜比全景声（Dolby Atmos 3D）音频系统，除了提供多种原创百老汇风格舞台表演，还能营造360度的海底环境。

图8-3 "愿望号"大礼堂的灰姑娘雕像

图8-4 华特迪士尼剧院

总之，在永不停歇的世界邮轮舞台上，沉淀了丰硕的邮轮文化成果，并昭示着邮轮产业更为美好的未来。世界邮轮文化，不仅可为打造中国特色邮轮文化提供成功的经验，同时结合中国本土文化进行创新演绎，可以在一定程度上改变中国邮轮文化相对滞后的现状，从整体上提升中国本土邮轮的文化品位和综合竞争力，使本土邮轮品牌早日成为国际邮轮产业中的重要成员。

邮轮设施：中央社区、冰上剧场、终极深渊

M8-1　中央社区

第二节　中国邮轮文化的本土化

进入21世纪，在南海之滨诞生了中国首个拥有合法产权的私人海岛，即广东省惠州市惠东县巽寮湾三角洲旅游岛。它包括一大一小两个海岛，由洁白的沙滩相连接，总面积约为十六公顷。这里"水清，石奇，沙幼"，新月形内海湾海水清澈见底，奇石天然成趣，沙滩晶莹细腻，是理想的天然海滨浴场，加之附近完好的海底珊瑚礁，以及适当的旅游开发，三角洲已经成为四季皆宜的亲海胜地，享有"中国马尔代夫"的美誉，这里已被打造成为国际邮轮停靠的绝佳旅游场所。

（来源：惠州三角洲岛为何被称为中国的"马尔代夫"？[N]腾讯网，2021-08-10.）

思考：怎样把本土目的地文化融入国际邮轮发展当中？

在学习世界邮轮历史演化中所累积的优秀文化成果的同时，借鉴发展史上的丰富经验，还要基于中国特色国情和本土宾客的差异性需求，进行积极调整和创新融合。打造中国本土邮轮文化，要在巩固世界邮轮文化对国内宾客积极影响的同时，注重对本土传统文化及现代文化的精选和提炼，并逐渐将其有机融入邮轮文化的中国本土化进程之中。

一、中国邮轮文化本土化的相关举措

现代邮轮业的持续发展，有赖于国家政府引导、邮轮发展需求、邮轮业从业者以及邮轮宾客等多个因素的共同作用。其中，政府制定合理的邮轮发展规划、释放本土资源有着基础作用；同时，培育中西合璧、具有国际竞争力的本土邮轮品牌文化和培养具有全球视野、精通本土文化的邮轮本土人才是中国邮轮文化实现本土化的重要举措。

（一）释放本土资源

深厚的中国文化底蕴与邮轮产业的有机结合，是一个漫长的过程，需在政府的因势利导下，由点到线、汇线成面，渐进式地释放本土丰富的资源。

1. 本土资源的点状释放

中国有着漫长的海岸线、星罗棋布的近海岛屿，尤其南海热带水域的海岛中有相当一部分具有较大的开发潜力。海岛资源在邮轮度假中有着众多地理资源无可比拟的优越性，除了绝佳私密性本身就有着莫大的吸引力之外，对于宾客而言，平日里难以抵达的小海岛更富神秘感。如果能扭转"仿制国外特色小镇"的思路，结合本土文化慎重规划，就可以形成别具一格的邮轮目的地，以别样的文化体验与现行其他旅行项目形成错位竞争。如果将中国近海的众多点状资源成功串联成线，其综合竞争力必将得到进一步提高。

譬如，释放巽寮湾的海岛旅游资源就是促进本土国际邮轮发展的积极举措。目前岛上的基础设施已较为齐全，包括成片依海岛山势逶迤错落的观海别墅。此外，依托该岛开发的帆船运动、游艇观光、珊瑚礁潜等，已基本涵盖现行海岛常见的休闲游玩项目。同时，当地渔民还能为宾客表演传统的海上捕鱼，此外还有国家级非物质文化遗产惠东渔歌等文化盛宴。完全可以将这些活动项目增加到中国本土化邮轮体验项目的创新规划当中。

2. 本土资源的线状释放

线状释放已经逐步被付诸实践的是中国籍邮轮的沿海-长江内循环推进工程。以沿海航线的推进为例，2016年，交通运输部发布了《关于实施有关中资"方便旗"船回国登记进口税收政策的公告》，鼓励中资"方便旗"国际海运船舶回国登记，悬挂本国国旗航行。到2020年时，海南省交通运输厅就向星旅远洋国际邮轮颁发了首张国内邮轮港口海上游航线试点经营许可证。同年，招商局蛇口工业区控股股份有限公司（招商蛇口）联合维京游轮合资设立了招商局维京游轮有限公司（招商维京），到2021年6月，随着"维京太阳号"被重新注册为"招商伊敦号"，中国籍邮轮实现零的突破，这为由点至线串联中国沿海资源的尝试提供了真正的基础。自2021年10月起，"招商伊敦号"首先开启"魅力南海之旅"航线。而从2022年4月起，中国首条探索东南海岸线的邮轮航线——"东南海岸文化之旅"也由"招商伊敦号"进行试水，正式开启"东南海岸人文之旅"。

对本土邮轮目的地相关文化资源进行串联整合并深度释放，有助于进一步推动从邮轮商业猎奇到邮轮文化体验的阶段性进步，还有助于改变国内邮轮旅游均为出发地，而目的地却为日韩等国的刻板形象，为本土文化与本土邮轮的进一步融合开启新的方式。

3. 本土资源的面状释放

2018年，国务院发布《关于促进全域旅游发展的指导意见》，提出积极发展邮轮游艇旅游，标志着中国邮轮进入了由高速增长向高质量发展调整跨越的新阶段。同年10月，上海出台《关于促进本市邮轮经济深化发展的若干意见》。一年后在上海宝山举办的亚太邮轮大会上，首个"中国邮轮旅游发展示范区"正式揭牌。2021年，文化和旅游部发布的《"十四五"文化和旅游发展规划》中指出，将进一步推进中国邮轮旅游发展示范区建设，依托邮轮等产品和线路，推动形成多程联运的一体化格局。

纵贯南北，除了需进一步推动以上海为龙头的长三角邮轮旅游群落的创建，中国已铺开的邮轮旅游群落还包括以三亚为中心的南海群落，以香港、广州与深圳为中心的珠三角群落，以厦门为中心的海峡两岸群落，以天津为中心的环渤海湾群落。除了有面的铺开，还有质的提升。通过体制层面的大力推进，加之依托各地文化旅游资源的全面释放，这些群落都将是中国邮轮和中国邮轮文化的辐射中心，有望成为全球邮轮旅游的黄金目的地，对推动中国邮轮"走出去"、深度参与全球邮轮旅游市场竞争都是绝佳的举措。

（二）培育本土特色邮轮品牌文化

释放本土资源的同时，还需要培育中西合璧、具有国际竞争力的本土邮轮品牌文化。

1. 本土邮轮品牌文化发展的困境及路径

（1）本土邮轮品牌起步阶段的困境：2013年1月26日，海航旅业的"海娜号"在海南三亚凤凰岛国际邮轮港启航，标志着中国本土品牌正式进军现代海洋邮轮业。国内此后还涌现出了渤海邮轮、天海邮轮、钻石邮轮、南海邮轮等本土品牌，但因定位徘徊在产业链下游、单体运营竞争力低下、缺乏本土特色邮轮文化的加持等因素，它们中的大多数已消逝在历史洪流中，没能改变中国邮轮自2006年以来邮轮市场客源地的角色，本土邮轮品牌文化的发展相对滞后。

（2）本土邮轮品牌发展的路径：培育本土邮轮品牌文化需要直面资本、系统、人才等壁垒，走向融合发展。邮轮产品的生成阶段是文化与邮轮融合的重点，邮轮产品的消费阶段则是文化与邮轮融合的关键。本土邮轮品牌现有的船只，均为国外引进的旧式邮轮，因此从邮轮旅游产品的设计上寻求突破就是当务之急。而策划出具有国际竞争力的邮轮旅游产品，结合中国特色文化既是捷径，也需要将其创新演绎，踏踏实实地整体提升本土邮轮的文化品位和综合竞争力，使本土邮轮品牌早日成为国际邮轮中的重要成员。

2. 本土邮轮品牌文化培育的实践

进入2018年以来，本土邮轮品牌开始踏上了振兴之路。

（1）中船嘉年华：中国船舶集团与美国嘉年华集团成立了合资公司——中船嘉年华邮轮有限公司（中船嘉年华），它旗下的首艘邮轮"大西洋号"于2020年1月11日完成转移；2021年4月30日，"地中海号"也由嘉年华集团交付到中船嘉年华手中。预计从2023年开始，陆续完成2+4艘国产大型邮轮的接收之后，它将成为拥有多达8艘邮轮的本土大型邮轮企业，加之深耕邮轮全产业链的强大助力，中船嘉年华将整体推进本土邮轮品牌的良性发展。

中船嘉年华的企业品牌标识设计中传递着中船嘉年华"源自海洋""向阳而行""探索无垠"三大理念，同时，展现了其引领中国邮轮产业新时代的发展愿景。标识通过代表阳光与海洋的色彩融汇共舞，生动演绎了品牌的年轻活力，传递了品牌的航海使命；而富有节奏感的线条延展，则打通了时间与空间的维度，印证历史传承，预见未来发展；灵动而独特的符号如变换的音浪，带来摩登多元的冲击；如奋进的海浪，挑战广袤无垠的世界；又如飞舞的旗帜，树立不可撼动的信念。尽管本土邮轮品牌的健康成长离不开政府的助力，但设计与实施邮轮产品过程中，把具有新时代特征的中国文化加以创新演绎，是本土邮轮品牌的重要任务。

（2）蓝梦邮轮：蓝梦邮轮成立于2016年，是一家致力于邮轮全产业链耕耘，并融合中国文化精髓的国民邮轮品牌。2020年4月，蓝梦邮轮购买了一艘由德国建造的小型国际邮轮，经装修改造后，更名为"蓝梦之星"（图8-5）。依托该船，蓝梦邮轮展开了融合中国传统文化并赋能本土邮轮产业的探索。通过创新演绎东方文化、民族文化、国潮文化，传播中国故事，输出中国价值，让世界领略国民邮轮的无限魅力。

图8-5　"蓝梦之星"

目前蓝梦邮轮的邮轮产品中，大多符合其国民邮轮的品牌定位。首先以餐饮为例，有以提供闽粤菜为主的八闽特色餐厅和以江浙本帮菜为辅的大型自助餐厅。同时，由刘仪伟主理的刘仪碗面馆是海上第一家明星面馆，为宾客带来中国面食美味体验的同时，还将溯源华夏面食文化。此外，邮轮还提供海上烤串及各类西餐。在娱乐方面，"甲板上的方与圆"通过联手中国书法家协会和新疆和田玉民族品牌，将民族文化的浩瀚与精致展现出来；"风的邀请函"是与内蒙古东方民族艺术团的合作项目，东方民族艺术团将为邮轮宾客献上内蒙古民族风情舞蹈和民族特产，呈现骑马看海、踏浪见草的独特画面。

中国元素是被大多数中国人及海外华人认同的、凝结着华夏民族传统文化精神，并体现国家尊严和民族利益的形象、符号或风俗习惯，其更多的是体现一种精神的传承。不管是中国传统文化，还是中国现代文化，都是进行邮轮品牌培育值得挖掘的文化元素。令中国特色邮轮文化成为全球通行的国际邮轮文化，不仅进一步促进本土邮轮的蜕变跃升，还将有助于提高中国文化在国际上的影响力。

（三）培养邮轮本土人才

长期以来，邮轮产业都有着资本密集、技术密集、劳动密集和服务多元化等显著特征，发展邮轮产业、打造邮轮文化离不开对邮轮专业人才的高质量培养。

1. 本土邮轮人才的培养现状

本土邮轮人才的培养，无论在质量还是数量方面都不能满足日益壮大的以中国为中心的亚太邮轮市场对人才的需求。

以邮轮船员的培养为例，目前我国共有注册船员176万余人，数量居世界第一，但与其他国家相比，中国籍船员服务于邮轮行业的比例非常小，此外，中国邮轮专业的毕业生被邮轮公司录取的比例也比较低，这源于长期以来中国社会与教育环境缺乏邮轮人才成长所需的跨文化环境，因此令其或语言技能不足、服务意识欠佳、缺乏相关经验，难以跨越邮轮岗位的基础门槛。而本土邮轮基础人才的极度匮乏，注定了本土邮轮中高级人才更是凤毛麟角，特别在邮轮全产业链的上游——邮轮装备的研制领域，相较中下游的邮轮驾驶、邮轮运营和服务领域，中国本土邮轮人才更为缺乏。

2. 本土邮轮人才的培养路径

人才的培养是一个从国家层面的引导，到教育层面的施教，再到产业层面的再造的完整闭环，需要做好长期规划，各级持续历练打造，符合人才培养的客观规律。

目前针对邮轮上的岗位需求，中国已有约70所中等和高等职业院校设置了相关专业。各类院校在重视技能硬件培养的同时，还要注重文化软件的培养；既重视对学生层面的教育，也重视对邮轮师资层面的开发。此外，从课程研发端开始，贯彻产教结合的原则，把学校教育与产业需求对接起来，一步步实施产教融合的引导。同时，由各类院校培养出来的合格毕业生，立足于邮轮各个岗位的基础实践，可被层层选拔出来并进一步培养为邮轮中高级人才。邮轮公司也可提供各种在职培训，创造良好的工作环境和人文环境，留住相关人才。

目前，中国是世界第一大造船大国，但邮轮的研制才刚刚起步。作为邮轮全产业链的上游——邮轮装备的研制领域，中国本土人才的培养迫在眉睫。现代邮轮工程首先要求规划设计者拥有深厚的文化底蕴和创新能力，而现代造船模式也与传统造船模式有着天壤之别，现代邮轮建造所要求的精准高效以及对包括人工智能在内的高新科技的运用，都对造船人提出了更高的要求。从世界造船史来看，高质量的邮轮研制人才需要从小开始培养，更需要相关院校将其纳入人才培养体系。

二、突破中国邮轮文化本土化的关键

中国本土邮轮的研制进程，是突破邮轮文化本土化的最重要阵地。

（一）邮轮的国产化进程

根据国际惯例，在邮轮全产业链中，邮轮港口的接待与管理属下游，邮轮的运营为中游，而邮轮的研制则位处上游。2011年，国家工信部首次提出发展本土邮轮制造业，此后我国陆续发布了多项关于邮轮研制的政策，其中在2015年时，由国务院发布的《中国制造2025》明确提及"突破豪华邮轮设计建造技术"，为实质性实施邮轮国产化工程从国家层面表明了决心。而2018年的《关于促进我国邮轮经济发展的若干意见》，则进一步指出邮轮自主设计建造和本土邮轮船队发展为下一步突破的重点。

1. 国产邮轮整体建造的突破

对国产邮轮的建造率先实现零的突破的是招商局。2019年9月6日，首艘国产探险邮轮"格雷格·莫蒂默号"（Greg Mortimer）由招商局工业集团（招商工业）顺利交付。虽然从当今全球邮轮细分市场看，探险邮轮市场占比最小，但从此类小型邮轮进行突破显得非常务实，同型船现已实现了量产。此后招商局开始涉足中型奢华邮轮的开发，而总吨位为37000的系列已处在稳步推进之中。

2019年，原中国船舶工业集团有限公司与中国船舶重工集团有限公司联合重组，成立中国船舶集团有限公司（中船集团），作为当今世界上最大的造船集团公司，它旗下的中船邮轮科技发展有限公司（中船邮轮）承担着国产大型邮轮的研制项目。大型邮轮被誉为"造船工业皇冠上最耀眼的明珠"，此项目也被中船集团视为践行高质量发展战略的一号工程。

在国家打造大型邮轮协同发展平台，集中国内外多方优势资源，引进国际技术、标准和管理的同时，在推进研发设计、总装建造、配套供应链建设的背景下，2016年原中船集团就与芬坎蒂尼集团签署了《造船合资公司协议》；2018年11月6日，在首届中国国际进口博览会上，原中船集团与嘉年华集团、芬坎蒂尼集团正式签订2+4艘吨位13.5万的威仕达（Vista）级大型邮轮建造合同，其首制船——H1508船于2019年10月18日在上海外高桥造船厂举行切割首块钢板的仪式；目前已处在内装和系统完工调试的攻坚阶段。

2021年12月17日，基于嘉年华集团现有船型的首艘国产大型邮轮在上海外高桥造船厂的大型船坞中完成起浮（图8-6），是中国邮轮国产化的标志性突破。

图8-6 首艘国产大型邮轮的起浮仪式

2. 邮轮核心区域建造的突破

内装区域是邮轮的核心区域，2021年3月中船邮轮全资收购了德国R&M集团，这家邮轮内装公司承担H1508船超过14000平方米公共区域的内装任务。早在2017年起，中船集团就与该集团就邮轮内装展开合作，通过消化吸收而逐步形成了邮轮内装设计、施工和供应链管理的综合能力，助力邮轮配套的本土化。建造中的H1508船属嘉年华集团的威仕达级大型邮轮。

威仕达级大型邮轮上，宾客将见识到气派的中庭，它横跨三层甲板，装饰风格非常吸引眼球，标志物为位于中庭中央的漏斗形巨型灯饰，因此中庭可举办灯光秀，这种设计非常符合嘉年华邮轮的"快乐邮轮"（Fun Ship）品牌理念，并特别迎合宾客中年轻一族的需求。船上另外一组大型室内空间当属两层高的威仕达级剧场，非常摩登，演出的节目以百老汇音乐剧为主。除此之外，还有大量风格各异的餐厅、酒吧等公共场所。虽然建造中的国产大型邮轮基于现有的威仕达级船型，但内装的设计与规划必定会探索国际化与本土化的融合路径，并做迎合本土市场的调整。

3. 构建现代邮轮全产业集群

邮轮建造需要强大的全产业集群配套能力，我国目前邮轮建造尚未形成成熟的邮轮配套产业集群。在邮轮全产业链上做系统规划与布局，构建邮轮全产业集群，全面推动国家海洋经济往高质量的方向发展，顺利实现邮轮产业链上游的邮轮研制国产化，发展集邮轮建造、专业配套、研发创新为一体的邮轮装备产业链，打造世界一流的邮轮制造基地，进而实现船舶工业及海洋装备领域价值链的整体跃升，对进一步开拓中国邮轮旅游消费市场，全面推进中国邮轮实现良性渐升循环，令中国船舶全面参与全球中高端船型竞争，以及突破中国特色邮轮文化有着不可替代的价值。中国邮轮经济要成为世界邮轮产业版图中最为重要的组成部分，构建现代邮轮全产业集群就需要做到以下几点：

首先，推动国产大型邮轮建造上升为国家战略，支持各地发挥邮轮建造的资源优势，参与邮轮建造及相关配套产业集群发展。

其次，推动中国邮轮旅游发展实验区上升为中国邮轮旅游发展示范区，为邮轮全产业集群发展提供更大的创新平台。

最后，搭建全球领先的邮轮物资采购平台，推动国际邮轮船供分拨中心建设，为邮轮全产业集群的构建提供全方位的物资保障。

（二）邮轮国产化进程中的文化赋能

实现邮轮产业文化赋能的关键在于自主创新。邮轮的设计阶段是邮轮与文化融合的起点，在国产邮轮的设计中注入本土文化精髓，可为邮轮产品融合本土文化打下基础。下面从邮轮的公共空间与内装的规划设计方面来探讨中国邮轮研制如何实现本土化。

1. 公共空间的表现方式

现代邮轮配置的功能单元，主要包括休闲娱乐活动单元（如观演区、购物区、健身区等）、社会活动单元（如集会区、商务区、儿童区）、交通空间单元（如中庭、走廊、楼梯间等）、客舱单元（如套房、海景房、内舱房等）和餐饮单元（如主餐厅、自助餐厅、特色餐厅等），这些公共空间是在邮轮上进行文化展示和输出的最重要窗口。在设置这些功能单元时进行本土化的创新，可吸收本土文化的精髓，空间表现形式可从中国建筑中寻找灵感，如中式建筑讲究人与自然的和谐交融，这既符合中国的文化传统，也符合世界主流发展意识的潮流，是一种中国式元素成为世界级"高大上"标准的最成功典范之一。

2. 装饰物的铺陈

设计中融合中式装饰元素是本土化的关键，中国风主题在邮轮的装饰方面可大有用场。近年来，国际邮轮在进驻中国市场前，通常也会在一定程度上添加中式装饰，以博取中国宾客的好感。例如在皇家加勒比投放中国市场的"海洋光谱号"上面,就有包括中国国宝大熊猫题材在内的大量中式装饰物。歌诗达邮轮的"歌诗达幸运号"(Costa Fortuna)在进驻中国前,将中庭内装进行了改动(图8-7和图8-8),其天花板上垂直倒置的歌诗达邮轮模型被去除,改成颇具中式风格的灯笼。此外,该船还增加了赛努诺斯(Cernunus)财富及商业之龙主题元素,其中最醒目的龙首也位于中庭,而龙身则遍布邮轮的多处。

图8-7 "歌诗达幸运号"中庭改动前　　　图8-8 "歌诗达幸运号"中庭改动后

3. 本土文化与世界邮轮文化的交融

在中国本土邮轮文化的打造方面,一是要充分吸收世界邮轮百年发展历程中积累的优秀文化成果;二要充分适应现阶段的中国国情和宾客需求,积极调整和创新,增加一些中国传统的文化元素。外资邮轮品牌往往在中国市场注入中国特色文化,如皇家加勒比国际游轮于2020年3月在"海洋光谱号"上推出"欢乐海洋,笑的盛宴"的主题航次。德云社派出包括岳云鹏和孙越在内的八位相声演员共同献演,将中国传统相声文化与国际化的邮轮娱乐文化有机融合,从而为宾客提供中西合璧的度假体验。由此,本土文化与国际文化正在形成你中有我、我中有你的交融状态,不同民族和国家间的文化差异,乃至传统与现代的界限越来越模糊。随着时间的流逝和经验的积累,中国本土邮轮文化的打造方案会顺势而生。

(三)国产化进程中打造中国本土邮轮文化的具体路径

邮轮的发展具有明显的国际性、文化融合性,所以在我国邮轮的国产化进程中,要在国际化的基础上体现本土化特征,而不是在本土化的基础上体现国际化特征。

1. 邮轮建造过程中的邮轮文化孕育

要以全球视野、国际标准、本土优势的文化理念建造本土邮轮,发展本土邮轮品牌文化，才能真正增强我国邮轮产业的国际竞争力，从而成为国际邮轮产品供给市场的重要组成部分。

（1）对整个邮轮建造工程进行记录。如采用VR虚拟现实技术、画展与摄影展等方式进行宣传；对过程中的重要文化仪式，如入坞仪式、命名仪式等进行直播；对仪式中的掷瓶礼、邮轮教母等经典邮轮文化元素进行解读及再创造。

（2）讲好邮轮建造工程的故事。从专业角度塑造中国邮轮文化的正气，还可以借助方兴未艾的科普与工业旅游等方式让更多的人参与进来。此外，可在动画中加入国产邮轮建设工程的元素，在青少年心中播下邮轮文化的种子。

（3）培养国人的邮轮文化自信。打造最杰出的邮轮，本身就是缔造文明纪念碑级别的壮举，邮轮工程的恢宏与艰难也容易引发文化共鸣，包括增强国民的自尊心等。

2. 国产化进程中政府对邮轮文化打造的推动

在中国邮轮文化本土化的打造方面，政府可发挥较大的作用，具体措施包括创办全国性的国际邮轮文化节，在丰富国人精神文化生活的同时，注入邮轮消费理念，将助力本土文化与邮轮文化的进一步接轨；其次可以创建专门的邮轮文化网站，借助本土网络的强势发展，从多层次、全方位、宽领域展开邮轮文化的研究和传播等。只有扩大本土化的邮轮文化对邮轮消费市场的影响，令邮轮文化的本土融合与中国整体文化自信力的提升相得益彰，才能使更多的人自觉融入中国本土邮轮文化的打造进程中来。

知识拓展

2022青岛国际邮轮节启动

2022年7月5日上午，由青岛国际邮轮港区服务管理局、市北区政府、山东港口邮轮文旅集团主办的"邮活力·邮精彩"2022青岛国际邮轮节启动仪式在市北区广兴里举行，正式开启为期1个月的邮轮文化狂欢。

当天，《推动邮轮旅游发展、服务城市重大战略十条》创新举措发布，青岛北方邮轮经济发展研究与服务中心揭牌，青岛国际邮轮港区服务管理局、山东港口邮轮文旅集团与6家中资（合资）邮轮公司共同签署《邮轮航线运营暨产业合作协议》。

本届邮轮节以"邮活力·邮精彩"为主题，采用"1+N"模式，即日起至8月5日，以广兴里青岛国际邮轮文化展为1个主体，在洛川家美术馆、大鲍岛文化休闲街区广场、铭海堂、青岛取引所、邮轮母港等地标性场所持续开展邮轮之夏"邮轮摄影展·影动老城""精品相声汇·欢动老城""经典电影汇·情动老城""烛光音乐会·乐动老城""精品相声会·欢动老城""足球友谊赛·潮动老城"等N个文化体育活动，通过会、赛、展、演等渠道，以绘画、摄影、音乐、电影、相声等多重艺术形式为媒，普及邮轮文化知识，培育邮轮旅游消费市场，以"节会"促进老城区业态迭代升级，以港区、园区、城区"三区融合"助力青岛建设"活力海洋之都、精彩宜人之城"。

邮轮旅游发展，既要有"船"，还要有"客"。此次青岛国际邮轮节既是宣传普及邮轮文化知识、培育客源市场的创新举措，也是推动邮轮旅游与历史城区融合共生的有益探索。下一步，青岛将把加快邮轮旅游发展作为重要目标，尽快实现邮轮旅游复航复苏；推动青岛邮轮旅游全产业链发展，创新与沿海邮轮港口城市间的合作机制，共同畅通邮轮旅游消费国内大循环。

（来源：2022青岛国际邮轮节启动［OL］.澎湃新闻网，2022-07-06.）

本章小结

本章主要从国际化和本土化两大视角，对当下与未来打造中国本土邮轮文化的命题进行探讨。国际邮轮文化是发展中国邮轮文化的基础，而实现国际化也是中国本土邮轮文化的归宿。中国旅游资源、人才资源、造船资源等本土资源的整合与释放，对发展中国邮轮产业和打造中国本土邮轮文化有着至关重要的意义，而中国邮轮产业和打造中国本土邮轮文化的质变也将反哺中国综合国力的提升与大国形象的塑造。

实践实训

实训一

分为若干实训小组，通过查阅与辨识相关图书或网络资料，了解现有不同邮轮品牌各自的特色文化，并梳理各自的成功经验。

实训二

分组调研中国沿海不同地理区域的著名旅游城市、著名旅游景点、适合进行邮轮旅游开发的目的地等。如第一组可调研中国南海沿线地区、第二组调研中国东海沿线地区等。讨论调研结果，形成调研报告并以小组为单位将结果做成PPT，在课堂上与其他小组分享交流。

知识检测

一、选择题（含单选、多选）

1. 冠达邮轮是大西洋邮轮历史文化的"活典范"，下列哪艘不属于冠达的现役邮轮？（　　）
   A."玛丽女王2号"　　　　　　　　B."维多利亚女王号"
   C."伊丽莎白女王号"　　　　　　　D."伊丽莎白女王2号"

2. 以下哪个不属于邮轮专属海岛？（　　）
   A. 可可湾　　　B. 琥珀湾　　　C. 巽寮湾　　　D. 海洋湾

3. 上海外高桥造船厂为中船嘉年华建造的首艘国产大型邮轮的船型属于（　　）。
   A. 嘉年华Vista级大型邮轮　　　　B. 嘉年华"梦想"级大型邮轮
   C. 精致Edge级大型邮轮　　　　　D. 招商总吨37000系列奢华邮轮

4. 以下邮轮文化元素哪些源自邮轮研制工程？（　　）
   A. 邮轮船体彩绘艺术　　　　　　B. 邮轮下水中的掷瓶礼
   C. 邮轮船长晚宴着装礼仪　　　　D. 邮轮安放硬币仪式

二、简答题

1. 列举三款世界上最新型的大众邮轮并简述其特点。
2. 简述蓝梦邮轮有哪些"国民"属性的邮轮文化产品。
3. 简述邮轮人才的培养模式与打造邮轮文化的关系。
4. 简述邮轮研制工程与打造邮轮文化的关系。

参考文献

[1] 刘淄楠. 大洋上的绿洲：中国游轮这10年[M]. 北京：作家出版社，2019.
[2] 王敬良，张娣. 邮轮概论[M]. 济南：山东科学技术出版社，2018.
[3] 李霞. 邮轮文化[M]. 北京：经济管理出版社，2021.
[4] 白杨旭. 环球追梦十万里[M]. 北京：华文出版社，2019.
[5] 张桂萍. 跨文化交际[M]. 北京：外语教学与研究出版社，2019.
[6] 道格拉斯·沃德. 伯利兹邮轮年鉴2019[M].北京：中国旅游出版社，2019.
[7] 张逸，吕建军，谢飞，等. 大型邮轮餐厨系统的布置模式[J]. 船舶工程，2021,43(1):34-42.
[8] 李泽民. 大型邮轮中式风格餐厅设计研究[D]. 武汉：武汉理工大学，2019.
[9] 刘芳圆. 从西餐菜肴翻译谈西方文化[J]. 现代食品，2017(22):60-61.
[10] 杜莉，孙俊秀. 西方饮食文化[M]. 北京：中国轻工业出版社，2006.
[11] 肖健，郑晋华. 邮轮酒吧服务管理[M].大连：大连海事大学出版社，2015.
[12] 何丽萍，卢正茂. 酒吧服务与管理[M].北京：中国人民大学出版社，2017.
[13] 徐兴海. 酒与酒文化[M].北京：中国轻工业出版社，2018.
[14] 唐美玉. "酒水知识与酒吧管理"开展课程思政教学思路探讨[J]. 济南职业学院学报，2020(6):60-62.
[15] 龙凡. 中西酒吧管理的差异[J]. 商场现代化，2006(23):76-77.
[16] 调酒与酒吧管理[J]. 广州番禺职业技术学院学报，2011,10(3):2.
[17] 王伟. 娱乐文化、意识形态与快感经济[J]. 河北师范大学学报，2019(3)：98-104.
[18] 许海潮. 娱乐、娱乐化与娱乐文化[J]. 牡丹江教育学院学报，2013(1)：161-162.
[19] 宋志文. 文化自信视域下沉浸式娱乐体验产业发展研究[J]. 商展经济，2021(19):100-102.
[20] 亨利·阿尔特姆斯. 哥伦布发现美洲[M].北京：东方出版社,2016.
[21] IMF：亚太经济增长前景全球最强[OL]. 新浪网，2017-05-19.
[22] 冯文海，朱文婷. 亚太地区邮轮旅游市场发展分析[J]. 世界海运，2010,33(2):70-73.
[23] 丁奎松. 推进文明交流互鉴 共创亚洲美好未来[OL].参考网，2019-08-29.
[24] 渡边义浩，仙石知子，朱耀辉. 论东汉"儒教国教化"的形成[J]. 文史哲，2015(4):122-135，168.
[25] 吴霁雯. "孔子文化走向世界"问题研究[D]. 曲阜：曲阜师范大学，2014.
[26] 阮高山. 华人文化在东南亚的影响力研究[D]. 长沙：湖南师范大学，2014.
[27] 江玉祥．泡菜考——兼谈韩国泡菜及泡菜申遗诸问题[J]. 四川旅游学院学报，2018(5)：5-13.
[28] 陈致中. 中国周边舆情调查研究[M]. 北京：经济日报出版社，2015.
[29] 吴丰. 中国传统建筑文化语言的现代表述的研究[D]. 长沙：湖南大学，2005.
[30] 邱羚. 文化创意视角下我国邮轮产业发展动力研究[M]. 上海：上海交通大学出版社，2018.
[31] 苏文菁，李航. 中国海洋文化发展报告（2021）[M]. 北京：社会科学文献出版社，2021.